LITTLE DANDELION

Seeds the World

By JULIA RICHARDSON

Illustrated by KRISTEN & KEVIN HOWDESHELL

To Benjamin and Jeffrey, you have both bloomed beautifully.
—Mom

●

To Vera, you bring joy and beauty wherever you go.
—Mom and Dad

SLEEPING BEAR PRESS™

2395 South Huron Parkway, Suite 200
Ann Arbor, MI 48104
www.sleepingbearpress.com

Printed and bound in the United States.

10 9 8 7 6 5 4 3 2 1

Library of Congress Cataloging-in-Publication Data

Names: Richardson, Julia Marie, 1963- author. | Howdeshell, Kristen, illustrator. | Howdeshell, Kevin, illustrator.
Title: Little dandelion seeds the world / by Julia Richardson ; illustrated by Kristen and Kevin Howdeshell.
Description: Ann Arbor, Michigan : Sleeping Bear Press, [2021] | Audience: Ages 6-10 | Summary: "Dandelions thrive
on all seven continents. The blooms are among the most resilient and adaptable in the world. Learn how the crafty
plant travels on the wind and hitches rides in all manner of ways in order to spread far and wide. Includes a map
and backmatter on dandelions"— Provided by publisher.
Identifiers: LCCN 2020039885 | ISBN 9781534110533 (hardcover) Subjects: LCSH: Dandelions—Dispersal—Juvenile
literature. | Dandelions—Seeds—Dispersal—Juvenile literature. Classification: LCC QK495.C74 R53 2021
| DDC 583/.983—dc23 LC record available at https://lccn.loc.gov/2020039885

Swish, swirl, one hundred seeds fly.

One little seed flies with the wind, far, far away.

Darting.

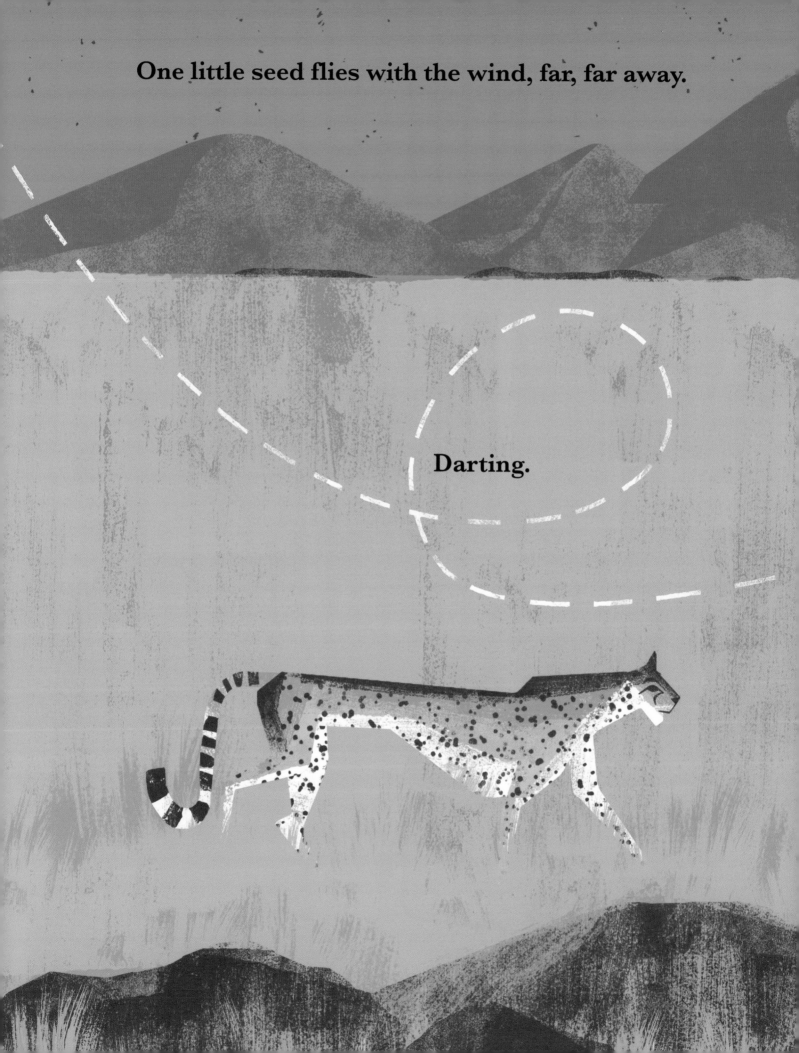

Drifting.

Dropping.

Down with a root.
Up with a shoot.
A little dandelion blooms in Africa.

The flower fades.
Fluff puffs.

POOF!

Swish, swirl, one hundred seeds fly.

One little seed zooms on an ear,
till it's snatched by a breeze and blows far, far away.

Fluttering.

Flying.

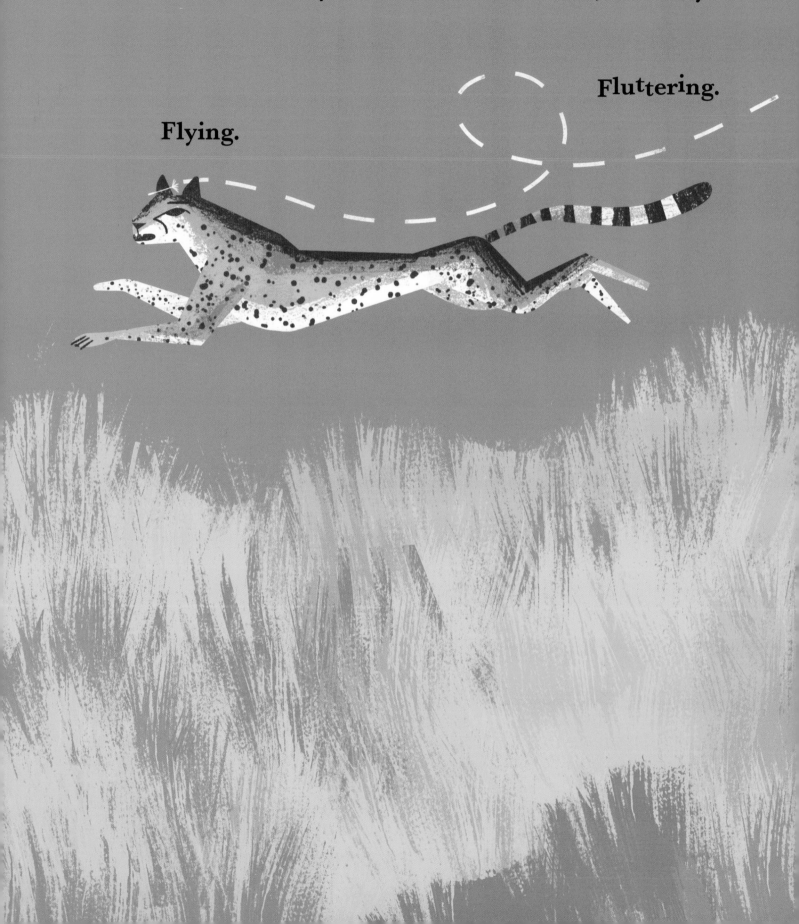

Falling.

Down with a root.

Up with a shoot.

A little dandelion blooms in Asia.

The flower fades.

Fluff puffs.

POOF!

Swish, swirl, one hundred seeds fly.

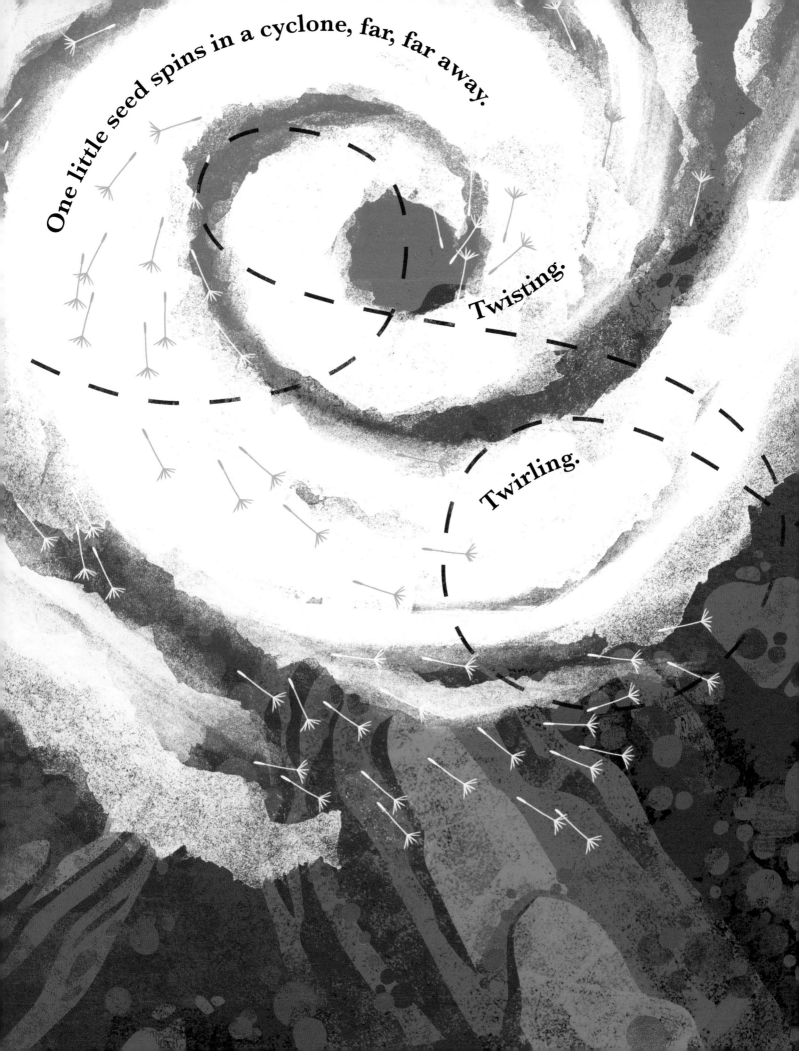

One little seed spins in a cyclone, far, far away.

Twisting.

Twirling.

Tumbling.

Down with a root.

Up with a shoot.

A little dandelion blooms in Australia.

The flower fades.
Fluff puffs.

POOF!

Swish, swirl, one hundred seeds fly.

One little seed hitchhikes on pants, far, far away.

Sailing.

Strolling.

Stumbling.

Down with a root.
Up with a shoot.
A little dandelion blooms in North America.

The flower fades.

Fluff puffs.

POOF!

Swish, swirl, one hundred seeds fly.

One little seed . . .

becomes a snack!

The bird flaps, and it flaps, far, far away.
Is the seed done?

The bird drops a . . .

PLOP!

EEW.

Down with a root.

Up with a shoot.

A little dandelion blooms in South America.

The flower fades.

Fluff puffs.

POOF!

Swish, swirl, one hundred seeds fly.

One little seed slips into the sea, far, far away.

Skimming.

Surfing.

Splashing.

Down with a root.
Up with a shoot.
A little dandelion blooms in Antarctica.

The flower fades.
Fluff puffs.

POOF!

Swish, swirl, one hundred seeds fly.

One little seed floats to the sky, far, far away.

Parachuting.

Pirouetting.

Plunging.

Down with a root.

Up with a shoot.

A little dandelion blooms in Europe.

Swish, swirl, all over the world.

AUTHOR'S NOTE

Originally from Europe, dandelions now bloom on all seven continents of the world. Even chilly Antarctica has dandelions on the shoreline of South Georgia Island. This is due in large part to the dandelion's ability to clone, or copy, itself. The dandelion flower turns into a seed head that contains 40 to100 seeds. Each seed is perfect clone of the parent and is capable of growing into a new dandelion without fertilization.

Dandelion seeds travel in many different ways. They fly with the wind, using their fluff as a parachute. They float on water, splashing onto distant shores. They hitchhike by sticking to clothing or the fur of animals. They even travel in bellies.

If you were a dandelion seed, where would you bloom? How would you travel?

Just Look 'n Learn

FRENCH

PICTURE DICTIONARY

1,500 Words for Beginning French Learners

Learn to Tell Time– Learn to Count

Illustrations and Example Sentences for Each Entry

Illustrated by
Daniel J. Hochstatter

PASSPORT BOOKS
NTC/Contemporary Publishing Company
Lincolnwood, Illinois USA

Who is in this book?

Thomas
Thomas

Tante Alice
Aunt Alice

Oncle Edouard
Uncle Edward

Marie
Mary

Suzanne
Susan

Mère et Père
Mother and Father

Grand-père et Grand-mère
Grandfather and Grandmother

Robert
Robert

Hélène
Helen

Jimmy
Jimmy

Guillaume
William

Etienne
Steven

Library of Congress Cataloging-in-Publication Data

Just Look 'n Learn French picture dictionary / illustrated by Daniel
  J. Hochstatter.
   p. cm.
  Summary: A French/English picture dictionary, containing 1,500
words, with illustrations and example sentences in both languages
for each entry.
  ISBN 0-8442-1057-9
  1. Picture dictionaries, French—Juvenile literature. 2. French
language—Dictionaries—English—Juvenile literature. [1. Picture
dictionaries, French. 2. Picture dictionaries. 3. French language
materials—Bilingual.] I. Hochstatter, Daniel J., ill.
II. Passport Books.
PC26299.J87 1997
443'.21—dc20
                                  96-21071
                                    CIP
                                    AC

7   8   9   WKT   0   9   8   7   6   5   4   3   2

What is in this book?

The *Words and Pictures* start on the next page.

Each entry shows how someone who lives in a place where French is spoken would say the English word and example sentence in French.

blue
bleu, bleue

Le papillon est bleu.
The butterfly is blue.

There are many *Numbers* to learn on pages 82 and 83.

Learn the *Days of the Week* on page 84.

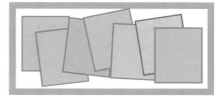

See the names of the *Months* on page 85.

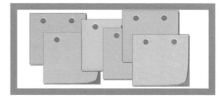

The names of different *Shapes* are on page 86.

Learn about *Compass Directions* on page 87.

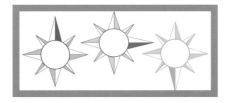

Try telling *Time* on page 88.

When you see an ✱ in the dictionary, look for the *Irregular English Words* on page 88.

be✱

An *Index* to the French Words starts on page 89.

AaAaAaAa

above
au-dessus de

Il y a
un lustre
au-dessus
de la table.

A lamp hangs above the table.

acorn
le gland du chêne

Les écureuils aiment
manger les glands du chêne.

Squirrels love to eat acorns.

acrobat
l'acrobate (m., f.)

L'acrobate
marche sur
les mains.

The acrobat
walks on her hands.

actions
les actions (f.)

Thomas a ri
en voyant
les actions
du clown.

Thomas laughed at
the clown's actions.

actor
l'acteur (m.)

L'acteur est
sous le feu
du projecteur.

The actor is in the spotlight.

actress
l'actrice (f.)

L'actrice
se présente
à la télévision.

The actress is on television.

add
ajouter

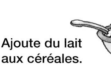

Ajoute du lait
aux céréales.

Add some milk to the cereal.

address
l'adresse (f.)

L'adresse
est sur le
paquet.

The address is on the package.

after
après

Nous jouons à la balle
après les classes.

We play ball after school.

air
l'air (m.)

De l'air froid
entre par la fenêtre.

Cold air is coming in the window.

airplane
l'avion (m.)

L'avion vole à
travers les nuages.

The airplane is flying through clouds.

alarm clock
le réveil

Le réveil
de Suzanne est
sur la table de nuit.

Susan's alarm clock
is on the night table.

(look) alike
se ressembler

Les fleurs
se ressemblent.

The flowers look alike.

all
tout, toute

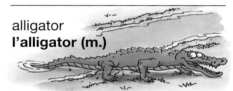

Toutes les feuilles sont tombées.

All the leaves have fallen.

alligator
l'alligator (m.)

L'alligator est sorti du fleuve.

The alligator climbed out of the river.

alphabet
l'alphabet (m.)

L'élève
a écrit
l'alphabet.

The student wrote the alphabet.

always
toujours

Le bébé sourit toujours.

The baby always smiles.

ambulance
l'ambulance (f.)

Une ambulance dévalait la rue à toute vitesse.

An ambulance raced down the street.

anchor
l'ancre (f.)

Etienne a jeté l'ancre dans l'eau.

Steven dropped the anchor into the water.

angel
l'ange (m.)

Les anges ont des ailes.

Angels have wings.

angry
fâché, fâchée

Thomas est très fâché.

Thomas is very angry.

animal
l'animal (m.)

Beaucoup d'animaux habitent au zoo.

Many animals live at the zoo.

ant
la fourmi

Les fourmis sont montées dans le sucrier.

The ants climbed into the sugar bowl.

apple
la pomme

Il y a un ver dans cette pomme.

This apple has a worm in it.

apricot
l'abricot (m.)

Les abricots poussent sur un arbre.

Apricots grow on trees.

apron
le tablier

Il y a de la moutarde sur le tablier du cuisinier.

The cook's apron has mustard on it.

aquarium
l'aquarium (m.)

L'aquarium de Thomas est plein de poissons.

Thomas's aquarium is full of fish.

archer
l'archer (m.)

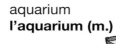

Un archer a un arc et des flèches.

An archer carries a bow and arrows.

arm
le bras

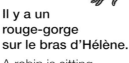

Il y a un rouge-gorge sur le bras d'Hélène.

A robin is sitting on Helen's arm.

armchair
le fauteuil

Le nouveau fauteuil est confortable.

The new armchair is comfortable.

around
autour de

Il y a une clôture autour de notre maison.

A fence goes around our house.

arrow
la flèche

La flèche signale la porte.

The arrow points to the door.

arrowhead
la pointe de flèche

J'ai trouvé une pointe de flèche dans le champ.

I found an arrowhead in the field.

art
l'art (m.)

L'art se trouve au musée.

Art is kept at the museum.

artist
l'artiste (m., f.)

L'artiste fait une peinture de l'océan.

The artist is painting a picture of the ocean.

5

astronaut
**l'astronaute
(m., f.)**

L'astronaute se
tenait sur la lune.
The astronaut
stood on the moon.

at
à

Jimmy reste à la maison
pendant toute la journée.
Jimmy is at home all day.

athlete
**l'athlète
(m., f.)**

L'athlète a
gagné une
médaille d'or.
The athlete won
a gold medal.

attic
le grenier

Il y a un
grenier
dans la
maison de
grand-maman.
Grandma's house has an attic.

aunt
la tante

La tante de
Thomas est
la sœur de
son père.

Thomas's aunt is his father's sister.

autumn
l'automne (m.)

En automne
nous ramassons les feuilles.
In the autumn we rake leaves.

avocado
l'avocat (m.)

Marie a mangé un
avocat au déjeuner.
Mary ate an avocado for lunch.

(run) away
s'enfuir

Le lapin
s'enfuit.
The rabbit is running away.

ax
la hache

Le fermier
coupe l'arbre
avec une
hache.
The farmer
is cutting the
tree down with an ax.

Bb*Bb*Bb*Bb*

baby
le bébé

Le bébé joue avec des jouets.
The baby is playing with toys.

back
le dos

Suzanne a une
fermeture éclair
au dos de sa robe.
Susan has a zipper
on the back of her dress.

backpack
le sac à dos
Beaucoup
d'élèves
portent des
sacs à dos à l'école.
Many students wear
backpacks to school.

bad
**mauvais,
mauvaise**

Il faisait trop
mauvais pour
faire un pique-nique.
The weather was
too bad for a picnic.

badminton
le badminton

Nous avons joué
au badminton dans la cour.
We played badminton in the yard.

bag
le sac

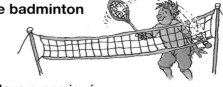

Guillaume met
une pomme
dans son sac.
William puts an apple
into his lunch bag.

baggage
**les bagages
(m.)**

Nos bagages
étaient lourds!
Our baggage
was heavy!

bake
faire cuire

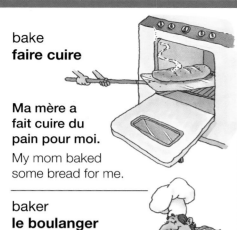

Ma mère a
fait cuire du
pain pour moi.

My mom baked
some bread for me.

baker
**le boulanger
la boulangère**

Le boulanger
est heureux.

The baker is happy.

bakery
la boulangerie

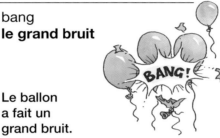

L'oncle Edouard achète
du pain à la boulangerie.

Uncle Edward buys bread
at the bakery.

ball
la balle

Ma nouvelle
balle est
sur le toit.

My new ball is on the roof.

balloon
le ballon

Le ballon
est attaché au
poignet
du garçon.

The boy's balloon is
tied to his wrist.

banana
la banane

Je prends
des bananes
avec mes céréales.

I have bananas with my cereal.

band
le groupe musical

Le
groupe
musical
joue dans le parc.

The band is playing in the park.

bandage
le pansement

Robert a un
pansement
sur sa blessure.

Robert has a bandage on his cut.

bang
le grand bruit

Le ballon
a fait un
grand bruit.

The balloon made a loud bang.

bangs
la frange

La frange
d'Hélène
lui tombe
sur le front.

Helen's bangs
hang down over her forehead.

bank
la banque

Je mets
mon argent
à la banque.

I take my money to the bank.

banner
la bannière

Je tenais
une bannière
rouge et or
dans le défilé.

I held a red and
gold banner in the parade.

barbecue
le gril
Il a fait cuire du poulet
sur le gril.

He cooked chicken
on the barbecue.

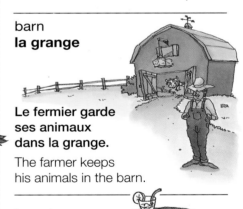

barbecue
faire cuire au gril
L'oncle Edouard a fait cuire au
gril un poulet pour le dîner.

Uncle Edward barbecued
a chicken for dinner.

barber
le coiffeur

Les ciseaux
du coiffeur
sont tranchants.

The barber's scissors are sharp.

barn
la grange

Le fermier garde
ses animaux
dans la grange.

The farmer keeps
his animals in the barn.

barrel
le baril

Je pourrais
boire un baril
de citron pressé!

I could drink a barrel of lemonade!

barrette
la barrette

Marie porte
une barrette
dans ses
longs cheveux.

Mary wears
a barrette in her long hair.

baseball
le baseball

Guillaume
a attrapé la balle de baseball.
William caught the baseball.

basket
le panier

Le panier est
plein d'œufs.
The basket is full of eggs.

basketball
le basket-ball

Les élèves
jouent au
basket-ball.
The students are
playing basketball.

bat
la chauve-souris

Les chauves-souris
vivent dans la grotte.
Bats live in the cave.

bat
la batte

Robert a frappé la balle
avec sa nouvelle batte.
Robert hit the baseball
with his new bat.

bath
le bain

Jimmy
prend un bain.
Jimmy is taking a bath.

bathe
baigner

Maman
baigne
souvent le
petit Jimmy.
Mother bathes baby Jimmy often.

bathing suit
**le maillot
de bain**

Mon maillot de
bain est vert.
My bathing suit
is green.

bathrobe
le peignoir

Ma mère a
un vieux
peignoir violet.
My mom has an
old purple bathrobe.

bathroom
**la salle
de bains**

La salle de
bains est propre.
The bathroom is clean.

bathtub
la baignoire

Les enfants ont
joué dans la baignoire.
The children played in the bathtub.

bay
la baie

Les bateaux dans
la baie sont en sécurité.
The boats in the bay are safe.

be*
être

Tu seras
bientôt grand.
You will be tall soon.

beach
la plage

La plage est
couverte de sable blanc.
White sand covers the beach.

beak
le bec

Un oiseau
mange
avec le bec.
A bird eats with its beak.

bear
l'ours (m.)

Un ours
brun est
sorti de
la forêt.
A brown bear
ran out of the forest.

bear cub
l'ourson (m.)

Les oursons
ont grimpé
à un arbre.
The bear cubs
climbed a tree.

beard
la barbe

Le grand-père d'Etienne a une longue barbe grise.

Steven's grandfather has a long, gray beard.

beautiful
beau, belle

La robe de fête de Suzanne est belle.

Susan's party dress is beautiful.

beaver
le castor

Le castor a une queue plate.

The beaver has a flat tail.

become*
devenir

Suzanne devient grande.

Susan is becoming tall.

bed
le lit

Mon lit est trop mou.

My bed is too soft.

bedroom
la chambre à coucher

Il y a deux lits dans la chambre à coucher de Marie.

Mary's bedroom has two beds in it.

bee
l'abeille (f.)

Les abeilles fabriquent le miel.

Bees make honey.

behind
derrière

Le grand garçon est resté derrière son frère.

The tall boy stood behind his brother.

bell
la cloche

Etienne sonne la cloche pour le dîner.

Steven rings the bell for dinner.

below
au-dessous de

L'eau coule au-dessous du pont.

Water runs below the bridge.

belt
la ceinture

La ceinture d'Etienne est trop large pour son pantalon.

Steven's belt is too wide for his pants.

bench
le banc

Le chien dort sur le banc.

The dog is sleeping on the bench.

beneath
au-dessous de

Mon lit se trouve au-dessous du lit de mon frère.

My bed is beneath my brother's.

beside
à côté de

Le chien s'est assis à côté de ma chaise.

The dog sat beside my chair.

best*
le meilleur, la meilleure

La meilleure athlète gagne un prix.

The best athlete wins a prize.

better*
meilleur, meilleure

Suzanne est meilleure à la course que Guillaume.

Susan is a better runner than William.

between
entre

Ma tante est assise entre ma sœur et moi.

My aunt is sitting between me and my sister.

bicycle
le vélo

Suzanne va souvent à l'école en vélo.

Susan often rides her bicycle to school.

big
**grand,
grande**

C'est un
grand
gâteau!

This is a big cake!

big top
le chapiteau

La tente d'un cirque
s'appelle un chapiteau.

A circus tent is called a big top.

bill
le bec

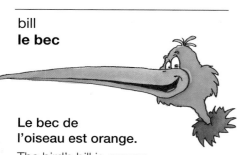

Le bec de
l'oiseau est orange.

The bird's bill is orange.

bill
le billet

Thomas
a trouvé un
billet de
cinq dollars.

Thomas found
a five-dollar bill.

binoculars
les jumelles (f.)

Robert
regarde
par les
jumelles.

Robert is looking
through binoculars.

---

bird
l'oiseau (m.)

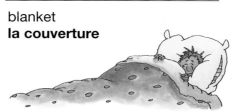

L'oiseau
était assis
dans l'arbre.

The bird sat in the tree.

birthday
**l'anniversaire
(m.)**

Mon frère a donné
une fête pour son anniversaire.

My brother had a party on
his birthday.

birthday cake
le gâteau d'anniversaire

Il y a des
bougies
sur mon
gâteau
d'anniversaire.

My birthday cake has candles on it.

bite*
ronger

Cesse de
te ronger
les ongles.

Stop biting your fingernails.

bite
la bouchée

Est-ce que
tu me donneras une bouchée?

Will you give me a bite?

black
noir, noire

Mon père
porte un
costume noir
pour aller
au bureau.

My father wears a black suit to work.

---

blackboard
le tableau

Hélène
nettoiera
le tableau.

Helen will clean the blackboard.

blanket
la couverture

Ma couverture me tient chaud.

My blanket keeps me warm.

block
le pâté de maison

Je fais
trois
pâtés
de maison
pour aller à l'école.

I walk three blocks to school.

block
le cube

Ma petite sœur
joue avec des cubes.

My little sister plays with blocks.

blossom
la fleur

L'arbre a
des fleurs rouges.

The tree has red blossoms.

blouse
le chemisier

J'ai un
chemisier
qui va
avec ma jupe.

I have a blouse
to go with my skirt.

blow*
souffler

Le vent qui soufflait a fait voler notre cerf-volant.

The blowing wind made our kite fly.

blue
bleu, bleue

Le papillon est bleu.

The butterfly is blue.

blush
rougir

Hélène a rougi quand on l'a appelée.

Helen blushed when her name was called.

board
la planche

Le fermier a scié des planches pour réparer la clôture.

The farmer sawed boards to fix the fence.

boat
le bateau

Guillaume a navigué son bateau sur l'étang.

William sailed his boat on the pond.

body
le corps

Tu te laves le corps dans la baignoire.

You wash your body in the bathtub.

bone
l'os (m.)

Le chien a porté l'os à la maison.

The dog carried the bone to the house.

book
le livre

Etienne lit un livre.

Steven is reading a book.

bookcase
la bibliothèque

La bibliothèque est pleine.

The bookcase is full.

boot
la botte

Je porte des bottes quand il neige.

I wear boots when it snows.

both
les deux

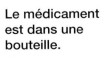

Les deux pommes sont rouges.

Both apples are red.

bottle
la bouteille

Le médicament est dans une bouteille.

Medicine comes in a bottle.

bottom
du bas

Guillaume a ouvert le tiroir du bas.

William opened the bottom drawer.

boulder
la grosse pierre

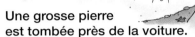

Une grosse pierre est tombée près de la voiture.

A boulder fell near the car.

bouquet
le bouquet

J'ai donné un grand bouquet de fleurs à ma grand-maman.

I gave Grandma a big bouquet of flowers.

bow
saluer

Etienne salue l'audience.

Steven is bowing to the audience.

bow
le nœud

Il y avait un grand nœud sur le paquet.

There was a large bow on the package.

bowl
le bol

Thomas a mangé un bol de céréales.

Thomas ate a bowl of cereal.

box
la boîte

Le cadeau
est arrivé
dans une
grande
boîte.

The gift came in a big box.

boy
le garçon

Mon frère
est un garçon.

My brother is a boy.

bracelet
le bracelet

Suzanne
a porté un
bracelet en or.

Susan wore a gold bracelet.

braid
la tresse

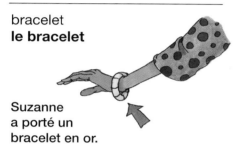

Hélène aime
ses tresses.

Helen loves her braids.

branch
la branche

Une
branche
lourde est
tombée de l'arbre.

A heavy branch broke off the tree.

bread
le pain

Le pain
chaud sent bon.

Warm bread smells very good.

break*
casser

As-tu
cassé
le bol en verre?

Did you break the glass bowl?

breakfast
le petit déjeuner

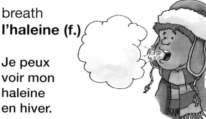

Nous prenons
le petit déjeuner tous les matins.

We eat breakfast every morning.

breath
l'haleine (f.)

Je peux
voir mon
haleine
en hiver.

I can see my breath in the winter.

breathe
respirer

Guillaume
respire vite
quand il fait
de la course.

William breathes
fast when he runs.

brick
la brique

La maison
a une
cheminée
en briques.

The house has a brick fireplace.

bridge
le pont

Un grand pont
traverse le fleuve.

A large bridge goes over the river.

broccoli
le brocoli

Voici du
brocoli pour
la soupe.

Here is some broccoli for the soup.

broom
le balai

Etienne
a balayé
le plancher
avec un balai.

Steven swept the
floor with a broom.

brother
le frère

Mon petit frère joue avec moi.

My little brother plays with me.

brown
brun, brune

Le chien de Marie
a eu cinq petits chiots bruns.

Mary's dog had five brown puppies.

brush
brosser

Suzanne se brosse les cheveux.

Susan is brushing her hair.

brush
la brosse

Suzanne se sert
de sa brosse à cheveux.

Susan is using her hair brush.

12

bubble
la bulle

La baignoire
est pleine de bulles.

The bathtub is full of bubbles.

bucket
le seau

Grand-papa a
renversé un seau plein d'eau.

Grandpa spilled a bucket of water.

buckle
la boucle

La
ceinture a une
boucle en or.

The belt has a gold buckle.

buffalo
le bison

Les bisons sont
grands et forts.

Buffalo are big and strong.

build*
construire

Papa nous
construira
une maison dans l'arbre.

Dad will build us a tree house.

building
le bâtiment

Le bâtiment près
de l'église est une école.

The building near the church
is a school.

---

bull
le taureau

Le taureau
était dans le pré.

The bull stood in the pasture.

bulletin board
**le tableau
d'affichage**
On accroche
des images
sur le tableau
d'affichage.

Pictures hang on the bulletin board.

bun
le petit pain

Maman achète des
petits pains à la boulangerie.

Mom buys hamburger
buns at the bakery.

burn*
brûler

Cinq
bougies
brûlent.

Five candles are burning.

bus
l'autobus (m.)

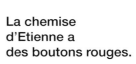

Ma classe est allée
au musée en autobus.

A bus took my class to the museum.

bush
le buisson

Il y a de
nouvelles feuilles
vertes sur le buisson.

The bush has new green leaves.

---

busy
**occupé,
occupée**

L'abeille
est très
occupée.

The bee is very busy.

butter
le beurre

Le pain est bon
avec du beurre.

Butter is good on bread.

butterfly
le papillon

Un papillon
a volé au-dessus de nos têtes.

A butterfly flew over our heads.

button
le bouton

La chemise
d'Etienne a
des boutons rouges.

Steven's shirt has red buttons.

buy*
acheter

J'ai
acheté
un ballon
au zoo.

I bought a balloon at the zoo.

by
à côté de

Notre chien
reste à côté
de la barrière.

Our dog sits by the gate.

CcCcCcCc

cabbage
le chou

Les lapins aiment les choux.
Rabbits love cabbage.

cage
la cage

Est-ce que
le perroquet
est heureux
dans la cage?
Is the parrot happy in its cage?

cake
le gâteau

Nous avons mangé
du gâteau au chocolat.
We ate chocolate cake.

calculator
la calculatrice

Additionne les
chiffres avec la
calculatrice.
Add the numbers on the calculator.

calendar
le calendrier

Le calendrier
nous dit la date.
The calendar
tells us the date.

calf*
le veau

Le petit d'une vache
s'appelle un veau.
A baby cow is called a calf.

call
appeler
Suzanne a
appelé
Etienne.
Susan called Steven.

call
le coup de fil
Ce coup de fil est pour Etienne.
This telephone call is for Steven.

camel
le chameau

On trouve
les chameaux dans le désert.
Camels are found in the desert.

camp
le camp

Au camp nous
allumons un feu tous les soirs.
At camp we have a fire each night.

can
la boîte

J'achèterai
une boîte
de pêches.
I will buy a
can of peaches.

canal
le canal

Un petit bateau
est passé dans le canal.
A small boat went through the canal.

candle
la bougie

Maman allume
une bougie avec
une allumette.
Mother is lighting the
candle with a match.

candy
**les bonbons
(m.)**

Les enfants ont
mangé trop de bonbons.
The children ate too much candy.

cane
la canne

Mon
grand-père
se sert d'une
canne pour
marcher.
My grandpa
walks with a cane.

canoe
le canoë

Nous avons fait
un voyage en canoë.
We went for a canoe ride.

cap
la casquette

Robert porte
toujours sa
casquette
de baseball.
Robert always
wears his baseball cap.

car
la voiture

Cette voiture bleue
a de nouveaux pneus.

This blue car has new tires.

cardinal
le cardinal

Il y a un cardinal
à ma fenêtre.

There is a cardinal
outside my window.

cards
**les cartes
(f.)**

Nous allons jouer
aux cartes après le dîner.

We will play cards after dinner.

careful
**soigneux,
soigneuse**

Le cuisinier est très soigneux!

The cook is being very careful!

carpenter
le charpentier

Le charpentier
a construit la maison.

The carpenter built the house.

carpet
la moquette

Hélène a une
nouvelle moquette.

Helen has new
carpet.

carrot
la carotte

Le chef
a coupé
des carottes.

The cook
cut up carrots.

carry
porter

Robert
porte
du bois.

Robert is
carrying
wood.

cart
la charrette

Le cheval a tiré
une charrette de foin.

The horse pulled a hay cart.

cartoon
la bande dessinée

Suzanne a
ri en lisant la bande dessinée.

Susan laughed at the cartoon.

carve
sculpter

Hélène
a sculpté un canard en savon.

Helen carved a duck from the soap.

cashier
**le caissier
la caissière**

Nous avons
donné notre
argent à la
caissière pour
acheter les billets.

We gave the cashier
our money for the tickets.

cast
le plâtre

Il y a un plâtre sur
la jambe cassée d'Hélène.

Helen has a cast on her broken leg.

castle
le château

La fée
a un beau
château.

The fairy has
a beautiful castle.

cat
le chat

Le chat d'Etienne dort avec lui.

Steven's cat sleeps with him.

catch*
attraper

Attrape la balle si tu peux!

Catch the baseball if you can!

caterpillar
la chenille
Cette
chenille
deviendra
bientôt
un papillon.

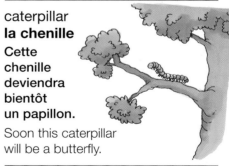

Soon this caterpillar
will be a butterfly.

cave
la caverne

La caverne est
pleine de chauves-souris.

The cave is full of bats.

ceiling
le plafond

Le plafond
de la cuisine est jaune.

The kitchen ceiling is painted yellow.

celery
le céleri

Hélène a ajouté
du céleri à la salade.

Helen added celery to the salad.

cereal
les céréales (f.)

J'ajoute
du lait et
du sucre
aux céréales.

I put milk and
sugar on my cereal.

chair
la chaise

Grand-père
s'est assis sur
une chaise et
nous a fait la lecture.

Grandfather sat on
a chair and read to us.

chalk
la craie

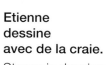

Etienne
dessine
avec de la craie.

Steven is drawing
pictures with chalk.

chalkboard
le tableau

Le professeur
a écrit au tableau.

The teacher wrote
on the chalkboard.

change
changer

Les feuilles
changent de couleur en automne.

Leaves change color in the fall.

change
la monnaie

Thomas a
de la monnaie
dans la poche.

Thomas has change in his pocket.

check
le chèque

J'écrirai un
chèque à l'épicerie.

I will write a check
at the grocery store.

checkers
les dames (f.)

Nous jouons
aux dames
après l'école.

We play checkers after school.

cheek
la joue

Le vent froid
rougit mes joues.

The cold wind makes
my cheeks red.

cheese
le fromage

La souris
cherche
le fromage.

The mouse is looking for cheese.

cherry
la cerise

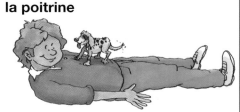

Suzanne aime
la tarte aux cerises.

Susan loves cherry pie.

chest
la poitrine

Le petit chien est resté
sur la poitrine de Thomas.

The puppy stood on Thomas's chest.

chick
le poussin

Le petit poussin est doux et jaune.

The baby chick is soft and yellow.

chicken
la poule

Ces poules mangent du maïs.

These chickens are eating corn.

child*
l'enfant (m., f.)
Un petit enfant s'est
assis par terre.

A small child sat
on the ground.

children*
les enfants (m., f.)
Deux enfants
se sont assis sur le banc.

Two children sat on the bench.

chimney
la cheminée

De la fumée
est sortie de
la cheminée.

Smoke
came out
of the chimney.

chin
le menton

Hélène a
du chocolat
au menton.

Helen has
chocolate on her chin.

chipmunk
l'écureuil rayé (m.)

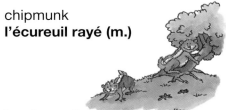

Les écureuils
rayés ont le dos rayé.

Chipmunks have striped backs.

chocolate
le chocolat

On vend des petits biscuits
au chocolat à la boulangerie.

The bakery sells chocolate cookies.

church
l'église (f.)

Je vais
à l'église
avec ma
grand-mère.

I go to church with my grandma.

circle
le cercle

Robert a
dessiné
deux
cercles sur
son papier.

Robert drew two circles on his paper.

circus
le cirque

Le cirque a trois acrobates.

The circus has three acrobats.

city
la ville

Il y a dix
nouveaux bâtiments dans la ville.

The city has ten new buildings.

clap
battre les mains

Le bébé battra les mains avec toi.

The baby will clap hands with you.

clarinet
la clarinette

Marie joue
de la clarinette
dans la fanfare.

Mary plays the
clarinet in the band.

class
la classe

J'ai une
photo de
classe
à l'école.

I have a picture
of my class at school.

classroom
la salle de classe

Il y a beaucoup de pupitres
dans notre salle de classe.

Our classroom has many desks.

claw
la griffe

Le tigre a des griffes pointues.

A tiger has sharp claws.

clay
**la pâte
à modeler**

Etienne a fait
un lapin en
pâte à modeler.

Steven made a clay rabbit.

clean
nettoyer
Papa nettoie les
fenêtres avec des chiffons.

Dad cleans the windows with rags.

clean
propre
La fenêtre est très propre.

The window is very clean.

clear
transparent

Le verre est transparent.

Glass is clear.

climb
monter

Marie
monte à
l'échelle.

Mary is
climbing
the ladder.

clock
l'horloge (f.)

L'horloge
est près de la bibliothèque.
The clock is near the bookcase.

close
fermer

Robert
a fermé
la porte
quand il
est sorti.
Robert closed
the door when he went out.

close
près de

La pomme est près de l'orange.
The apple is close to the orange.

closet
le placard

Mon
placard
est plein
de jouets.
My closet is full of toys.

cloth
le tissu

Tante Alice
a acheté
du tissu pour
faire une robe.
Aunt Alice bought
cloth to make a dress.

clothes
les habits (m.)

Les habits
de Thomas
sont très sales.
Thomas's
clothes are
very dirty.

clothing
les habits (m.)

Les habits du bébé sont bleus.
The baby's clothing is blue.

cloud
le nuage

Les nuages ont caché le soleil.
Clouds covered the sun.

clown
le clown

Un clown a donné
une fleur à Robert.
A clown gave Robert a flower.

coat
le manteau

Je porte
mon gros
manteau
quand
il neige.
I wear my
heavy coat
when it snows.

cobweb
**la toile
d'araignée**

Mon père
a enlevé les
toiles d'araignée.
My dad brushed away the cobwebs.

coffee
le café

Grand-maman
boit du café
avec le
petit déjeuner.
Grandma drinks coffee for breakfast.

coin
**la pièce
de monnaie**

Hélène a trouvé
deux pièces
de monnaie
dans
sa poche.
Helen found two
coins in her pocket.

cold
**froid,
froide**

Il fait trop froid pour jouer dehors.
It is too cold to play outside.

collar
le collier

Le chien avait
un collier de cuir.
The dog wore a leather collar.

color
la couleur

De quelle
couleur
est la balle?
What color is the ball?

colt
le poulain

Le poulain court avec sa mère.
The colt runs with its mother.

comb
le peigne

Thomas garde
son peigne sur
la commode.
Thomas keeps his
comb on his dresser.

come*
venir

**Viens dans
la maison.**
Come into the house.

comet
la comète

**Hélène a vu
une comète dans le ciel.**
Helen saw a comet in the sky.

comfortable
confortable

Ce divan est si confortable!
This couch is so very comfortable!

compass
la boussole

**Papa
a regardé
sa boussole.**
Dad looked at his compass.

completely
complètement

**Mon assiette est
complètement propre!**
My plate is completely clean!

computer
**l'ordinateur
(m.)**

**Guillaume
joue avec
son ordinateur.**
William is playing
with his computer.

cone
le cornet

**Nous avons mangé
des cornets de glace.**
We ate ice cream cones.

contain
contenir

**La grande
bouteille
contient
du lait.**
The large bottle contains milk.

conversation
la conversation

**Robert et
Suzanne
sont en
train d'avoir
une conversation.**
Robert and Susan
are having a conversation.

cook
faire cuire
**Le cuisinier fait cuire des légumes
dans une casserole.**
The cook is cooking
vegetables in a pot.

cook
**le cuisinier
la cuisinière**
Le cuisinier porte un tablier blanc.
The cook is wearing a white apron.

cookie
le biscuit

**Maman
fait cuire
de grands
biscuits
au chocolat.**
Mom is baking
large chocolate cookies.

cool
frais, fraîche

**Un citron
pressé bien frais
est bon en été.**
Cool lemonade is
good in the summer.

corn
le maïs

Du maïs pousse dans ce champ.
Corn is growing in this field.

corner
le coin

**Guillaume
attend
l'autobus
au coin de la rue.**
William waits at the corner for the bus.

costume
le costume

**Marie a
porté un
nouveau
costume.**
Mary wore a new costume.

cotton
le coton

**Le coton dont
on fait nos habits
vient de plantes.**
Cotton for our clothes
comes from plants.

cotton candy
la barbe à papa

**Nous avons mangé de
la barbe à papa rose au cirque.**
We ate pink cotton candy at the circus.

couch
le divan

Papa dort sur le divan.

Dad is sleeping on the couch.

cough
tousser

Mets la
main sur ta
bouche quand
tu tousses!

Please cover
your mouth when you cough!

cousin
le cousin
la cousine

Mes cousins
sont les enfants de ma tante.

My cousins are my aunt's children.

cover
couvrir

Grand-papa
couvre
les plantes
quand il fait
froid la nuit.

Grandpa covers
the plants on cold nights.

covers
les couvertures
(m.)

Hélène est
sous les couvertures.

Helen is under the covers.

cow
la
vache

Les vaches
dorment dans l'étable la nuit.

The cows sleep in the barn at night.

cowboy
le cowboy

Le cowboy a
mis la selle
sur le cheval.

The cowboy
put the saddle
on the horse.

coyote
le coyote

Les coyotes
vivent en montagne.

Coyotes live in the mountains.

cracker
le biscuit salé

Marie met des
biscuits salés dans sa soupe.

Mary adds crackers to her soup.

crane
la grue
dépanneuse

Cette grue
dépanneuse a
soulevé la voiture.

A crane lifted the car.

crane
la grue

La grue
se trouve
dans l'eau.

This crane
is standing
in the water.

crate
le cageot

Qu'est-ce
qu'il y a
dans le cageot?

What is in the crate?

crayon
le pastel

Thomas
a fait
un dessin
avec des pastels.

Thomas drew a picture with crayons.

cream
la crème

Mon père
met de
la crème
dans le café.

My dad puts
cream in his coffee.

crocodile
le crocodile

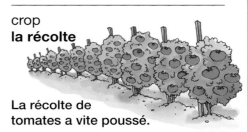

Nous
avons
pris une
photo d'un crocodile.

We took a picture of a crocodile.

crop
la récolte

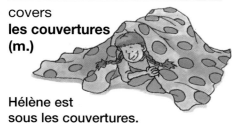

La récolte de
tomates a vite poussé.

The crop of tomatoes grew fast.

crosswalk
le passage clouté

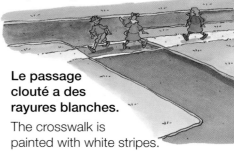

Le passage
clouté a des
rayures blanches.

The crosswalk is
painted with white stripes.

crowd
la foule

Il y avait
une grande foule au cirque.

A big crowd was at the circus.

crown
la couronne

Il y a
des
bijoux
dans la
couronne
de la reine.

The queen's crown has jewels on it.

crush
écraser

Papa a écrasé
la boîte avec la main.

Dad crushed the can with his hand.

crust
la croûte

La croûte est la
meilleure partie d'une tarte.

The crust is the best part of a pie.

crutch
la béquille

Guillaume
marche avec
une béquille.

William walks with a crutch.

cry
pleurer

Le bébé
pleurera
si son
biberon
est vide.

The baby will
cry if her bottle is empty.

cube
le cube

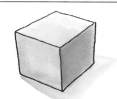

Un cube a six côtés.

A cube has six sides.

---

cucumber
le concombre

Le concombre
est un légume d'été.

Cucumbers are a summer vegetable.

cup
la tasse

Grand-papa
a une tasse de
thé après le dîner.

Grandpa has a cup of tea after dinner.

cupboard
le placard

On met la vaisselle
dans le placard.

Dishes are kept in the cupboard.

curb
le bord du trottoir

Nous
avons
attendu
le bus au
bord du
trottoir.

We stood
near the curb
to wait for the bus.

curly
frisé, frisée

Guillaume
a des cheveux
noirs et frisés.

William has curly black hair.

---

curtain
le rideau

Le vent a soufflé
dans les rideaux.

The curtains blew in the wind.

curve
le tournant

La route montagneuse
a beaucoup de tournants.

The mountain road has many curves.

cut*
couper

Robert
a coupé la
pomme avec
un couteau
tranchant.

Robert cut the
apple with a sharp knife.

cute
mignon, mignonne

Tous les bébés sont mignons.

All babies are cute.

cymbal
la cymbale

Est-ce que tu
voudrais jouer des cymbales?

Would you like to play the cymbals?

DdDdDdDd

dad
papa

J'appelle
mon père *papa*.

I call my father *dad*.

daisy
la marguerite

Il y a un vase
de marguerites
sur la table.

A vase of daisies is
sitting on our table.

dance
danser
Marie et Guillaume dansent.

Mary and William are dancing.

dance
le bal
Marie est allée
au bal avec Guillaume.

Mary went to the dance with William.

dancer
**le danseur
la danseuse**
La danseuse
portait des
chaussons
rouges.

The dancer
wore red shoes.

dandelion
le pissenlit

Il y a des
pissenlits
dans notre gazon.

There are dandelions in our yard.

dark
**obscur,
obscure**

La nuit est obscure.

Nighttime is very dark.

date
la date

Cherche dans
le calendrier
pour trouver
la date.

Look at the calendar to find the date.

daughter
la fille

Cette femme
a deux filles.

This woman has two daughters.

day
le jour

C'est le jour!
This is the day!

deck
le pont

Le pont du
bateau à voiles
est blanc.

The deck of
the sailboat is painted white.

deep
**profond,
profonde**

Peux-tu
nager dans
la partie profonde
de la piscine?

Can you swim in
the deep end of the pool?

deer*
**les
biches
(f.)**

Est-ce qu'il y a
des biches dans la forêt?

Are there deer in the forest?

delicious
**délicieux,
délicieuse**

Les abricots
sont délicieux!

Apricots are delicious!

dent
la bosse

Il y a une
bosse à ce plat.

There is a dent in this pan.

dentist
le dentiste

Le dentiste
m'a donné
une nouvelle
brosse à dents.

The dentist gave
me a new toothbrush.

desert
le désert

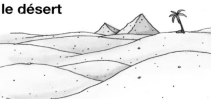

Il fait très sec dans le désert.

In the desert it is very dry.

desk
le bureau

Le professeur
s'assied au bureau.

The teacher sits at the desk.

dessert
le dessert

Nous prenons
de la glace comme dessert.

We are having ice cream for dessert.

dice*
les dés (m.)

Jette les dés pour jouer.

Throw the dice to play.

dictionary
le dictionnaire

Combien
d'images
est-ce qu'il
y a dans ton
dictionnaire?

How many pictures
are in your dictionary?

difficult
difficile

Il est difficile
de marcher
sur les mains.

It is difficult
to walk on
your hands.

dig*
creuser

Thomas
creuse dans
le sable pour
trouver le trésor.

Thomas digs in the
sand for treasure.

dim
obscur, obscure

La lumière de
la bougie était
trop obscure.

The light from the
candle was too dim.

dining room
**la salle
à manger**

Il y a une table et six chaises
dans notre salle à manger.

Our dining room has
a table and six chairs.

dinner
le dîner

Nous
avons
pris le dîner
dans un restaurant.

We ate dinner at a restaurant.

dinosaur
le dinosaure

Nous avons vu des
dinosaures au musée.

We saw dinosaurs at the museum.

dirt
la saleté

Ne balaye pas la
saleté sous le tapis.

Do not sweep dirt under the rug.

dirty
sale

Nettoie tes
chaussures
sales, s'il te plaît!

Please clean your dirty shoes!

(wash the) dishes
**(faire) la
vaisselle**

Mon père a
fait la vaisselle
pour maman.

My dad washed the dishes for mom.

dive*
plonger

Suzanne
a plongé
dans la
piscine.

Susan dived into the pool.

divide
diviser

Une
clôture
divise
le terrain.

A fence divides the property.

do*
faire

Qu'est-ce
qu'elle fait?

What is she doing?

dock
le quai

Les
voyageurs
ont attendu sur le quai.

The passengers waited on the dock.

doctor
le médecin

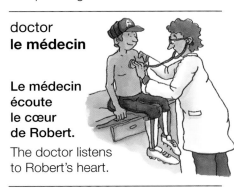

Le médecin
écoute
le cœur
de Robert.

The doctor listens
to Robert's heart.

dog
le chien

Comment
s'appelle mon chien?

What is my dog's name?

doll
la poupée

Marie a une poupée avec des cheveux frisés.

Mary has a doll with curly hair.

dollar
le dollar

Je mets un dollar dans ma tirelire.

I put a dollar in my bank.

dollhouse
la maison de poupée

La maison de poupée a de petites portes et de petites fenêtres.

The dollhouse has tiny doors and windows.

dolphin
le dauphin

Les dauphins nagent dans l'océan.

Dolphins swim in the ocean.

donkey
l'âne (m.)

Robert a monté la montagne sur un âne.

Robert rode a donkey up the mountain.

door
la porte

Grand-papa a ouvert la porte et il a regardé dehors.

Grandpa opened the door and looked outside.

doorbell
la sonnette

Marie a appuyé sur la sonnette.

Mary rang the doorbell.

doorman*
le portier

Le portier attend près de la porte.

The doorman waits near the door.

dough
la pâte

Robert a fait de la pâte pour le pain.

Robert made dough for the bread.

(go) down
descendre

Robert est descendu en skis.

Robert skied down the hill.

dozen
la douzaine

Il y a une douzaine d'œufs dans une boîte.

There are a dozen eggs in a box.

dragon
le dragon

Le dragon habite dans une caverne.

The dragon lives in a cave.

draw*
dessiner

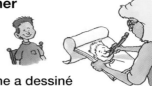

Suzanne a dessiné une image de son frère.

Susan drew a picture of her brother.

drawer
le tiroir

Le tiroir est plein de papier et de crayons.

The drawer is full of paper and pencils.

dream*
rêver
Marie a rêvé qu'elle était dans un palais.
Mary dreamed she was in a palace.

dream
le rêve

Le rêve de Marie l'a rendu heureuse.
Mary's dream made her happy.

dress
s'habiller
Hélène s'habille pour une fête.
Helen is dressing for a party.

dress
la robe

La robe de fête d'Hélène est rose.
Helen's party dress is pink.

dresser
la commode

Ma commode
a cinq tiroirs.

My dresser has
five drawers.

drink*
boire
Je veux boire du lait.

I want to drink some milk.

drink
la boisson
Donne-moi une
boisson, s'il te plaît.

Please give me a drink.

drip
tomber goutte à goutte

De l'eau froide tombe
goutte à goutte du robinet.

Cold water drips from the faucet.

drive*
conduire

Qui conduit la voiture?

Who is driving the car?

---

driveway
l'allée (f.)

Le taxi
attendait dans l'allée.

The taxi waited in the driveway.

drop
laisser tomber

Hélène a laissé
tomber ses livres.

Helen dropped her books.

drugstore
la pharmacie

Tante
Alice
achète des
médicaments
à la pharmacie.

Aunt Alice buys
medicine at the drugstore.

drum
le tambour

Etienne bat
du tambour.

Steven plays the drums.

dry
**sec,
sèche**

Thomas
est sec sous
le parapluie.

Thomas is dry under the umbrella.

---

duck
le canard

Mon canard
a des plumes
douces et blanches.

My pet duck has soft, white feathers.

duckling
le caneton

Les
canetons ont couru
derrière leur maman.

The ducklings ran
behind their mother.

dull
**ennuyeux,
ennuyeuse**

Le film
ennuyeux
nous a endormi.

The dull movie put us to sleep.

dust
la poussière

Est-ce que la
poussière te fait éternuer?

Does dust make you sneeze?

dustpan
la pelle à poussière

Le balai et
la pelle à
poussière sont
dans le placard.

The broom and
dustpan are in the closet.

EeEeEeEe

each
**chacun,
chacune**

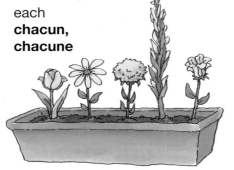

Chacune des fleurs est jaune.

Each flower is yellow.

eagle
**l'aigle
(m.)**

L'aigle
vole
vers
son nid.

The eagle
flies to
its nest.

ear
l'oreille (f.)

Hélène s'est
lavée derrière les oreilles.
Helen washed behind her ears.

early
de bonne heure

Guillaume
est venu
à l'école
de bonne heure.
William came to school early.

earmuffs
le protège-oreilles

Le garçon
a porté un
protège-oreilles
pendant la
tempête de neige.
Robert wore earmuffs
in the snowstorm.

earring
les boucles d'oreille
(f.)

Ma mère
porte de longues
boucles d'oreilles
en argent.
My mother wears
long, silver earings.

Earth
la Terre

Nous habitons la Terre.
We live on the planet Earth.

easel
le chevalet

La peinture de Guillaume
était sur le chevalet.
William's picture sat on the easel.

easy
facile

Faire la planche, c'est facile!
Floating on my back is easy!

eat*
manger

Nous devrions
manger des fruits et des légumes.
We should eat fruits and vegetables.

egg
l'œuf (m.)

Grand-maman
fera cuire
deux œufs.
Grandma will cook two eggs.

elbow
le coude

Marie s'est
cogné le coude sur la table.
Mary hit her elbow on the table.

electricity
l'électricité (f.)

Cette lampe
se sert de
l'électricité.
This lamp is
using electricity.

elephant
l'éléphant
(m.)

L'éléphant a
participé au défilé.
An elephant walked
in the circus parade.

elevator
l'ascenseur (m.)

L'ascenseur
nous a
mis en
haut
du bâtiment.
The elevator
carried us
to the top
of the
building.

empty
vide

Une des
bouteilles
est vide.
One bottle is empty.

end
le bout

Où est
le bout de
la corde?
Where is the end of the rope?

engine
le moteur

Le mécanicien a
réparé le moteur de la voiture.
The mechanic fixed the car's engine.

entrance
l'entrée (f.)

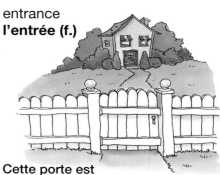

Cette porte est
à l'entrée de notre jardin.
This gate is the entrance to our yard.

envelope
l'enveloppe (f.)

Lèche
l'enveloppe
pour la fermer.

Lick the envelope to close it.

equator
l'équateur (m.)

L'équateur encercle la Terre.

The equator goes around the Earth.

erase
effacer

Hélène
efface le tableau.

Helen is erasing the blackboard.

eraser
la gomme

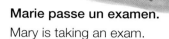

Etienne a
acheté des
crayons avec
de grandes
gommes.

Steven bought
pencils with large erasers.

evening
le soir

Le soleil se couche le soir.

The sun goes down in the evening.

every
tous, toutes

Tous les enfants ont souri.

Every child smiled.

exam
l'examen (m.)

Marie passe un examen.

Mary is taking an exam.

eye
l'œil (m.)

J'ai les yeux bleus.

My eyes are blue.

eyebrow
le sourcil

Les sourcils
sont au-dessus des yeux.

Our eyebrows are above our eyes.

F f F f F f F f

face
le visage

Mets un sourire
sur ton visage!

Please put a smile on your face!

factory
l'usine (f.)

On fabrique des
voitures dans cette usine.

This factory makes cars.

fairy
la fée

La fée
a donné
des bijoux
à la reine.

The fairy gave
the queen some jewels.

fall*
tomber

Jimmy tombe par terre.

Jimmy falls down.

fall
l'automne (m.)

Ma famille ramasse
les feuilles en automne.

My family rakes leaves in the fall.

family
la famille

C'est
une photo de ma famille.

This is a picture of my family.

fan
le ventilateur

Hélène
s'assied
près du ventilateur
quand elle a chaud.

Helen sits near the fan when she is hot.

far
loin

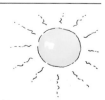

Le soleil est loin de la Terre.

The sun is far from the Earth.

27

farm
la ferme

Des poules,
des vaches,
et des cochons
habitent à la ferme.

Chickens, cows,
and pigs live on the farm.

farmer
le fermier

Le fermier plante du maïs.

The farmer is planting corn.

fast
vite

Les voitures
de course passent vite.

The race cars go by fast.

fat
gros, grosse

Le Père
Noël est
gros.

Santa
Claus
is fat.

father
le père

Ce père a beaucoup d'enfants.

That father has many children.

faucet
le robinet

De l'eau
chaude et
de l'eau
froide viennent
du robinet.

Hot and cold water
come from the faucet.

favorite
préféré,
préférée

Le chocolat
est mon parfum préféré.

Chocolate is my favorite flavor.

feather
la plume

Les oiseaux
sont couverts
de plumes.

Birds are covered with feathers.

feet*
les pieds

Le sable
était
chaud
pour les
pieds
d'Hélène.

The sand was hot on Helen's feet.

fence
la clôture

Guillaume construit
une clôture autour du jardin.

William is building a
fence around the garden.

fern
la fougère

Les fougères
sont des plantes vertes.

Ferns are green plants.

fever
la fièvre

Est-ce
qu'Etienne
a de la fièvre?

How high is Steven's fever?

field
le champ

Les vaches
sont dans le champ.

The cows are in the field.

fill
remplir

Grand-maman
remplit les verres.

Grandma fills the glasses to the top.

fin
la nageoire

Les poissons
nagent avec leurs nageoires.

Fish swim with their fins.

find*
trouver

Trouvons
le trésor!

Let us find the treasure!

finger
le doigt

J'ai froid
aux doigts
en hiver.

My fingers
become cold in the winter.

fingernail
l'ongle (m.)

Tante Alice
s'est peint les
ongles en rouge.

Aunt Alice painted
her fingernails red.

fire
le feu

L'oncle Edouard a allumé le feu avec une allumette.

Uncle Edward lit the fire with a match.

fire engine
la voiture des pompiers

La voiture de pompiers est arrivée vite à l'incendie.

The fire engine raced to the fire.

fire fighter
le pompier

Un pompier porte une casque, un imperméable, et des bottes.

A fire fighter wears a hat, a raincoat, and boots.

fireplace
la cheminée

Il y a une cheminée dans le salon de cette maison.

This house has a fireplace in the living room.

first
premier, première

Thomas est le premier à faire la queue.

Thomas is first in line.

fish*
le poisson

Grand-papa voudrait du poisson pour le dîner.

Grandpa wants fish for dinner.

fish
pêcher

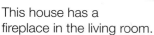

Grand-papa pêche dans le lac.

Grandpa is fishing at the lake.

fisherman*
le pêcheur

Le pêcheur a attrapé deux poissons.

The fisherman caught two fish.

fix
réparer

Hélène réparera le jouet cassé.

Helen will fix the broken toy.

flag
le drapeau

Hélène a porté le drapeau dans le défilé.

Helen carried the flag in the parade.

flame
la flamme

La flamme de la bougie est jaune.

The candle flame is yellow.

flamingo
le flamant

Le flamant a de longues pattes.

A flamingo has long legs.

flashlight
la lampe de poche

Marie a pris une lampe de poche pour voir dans l'obscurité.

Mary carried a flashlight to see in the dark.

flat
plat, platte

Le papier est plat.

Paper is flat.

flavor
le parfum

Quel parfum de glace aimes-tu?

What flavor of ice cream do you like?

float
flotter

Les ballons de la petite fille flottent dans les airs.

The little girl's balloons floated away.

floor
le sol

Le sol de la chambre à coucher est couvert d'habits.

The bedroom floor is covered with clothes.

florist
le fleuriste
la fleuriste

La fleuriste vend des fleurs et des plantes.

The florist sells flowers and plants.

flour
la farine

La cuisinière ajoute de la farine à la pâte.

The cook adds flour to the dough.

flower
la fleur

Est-ce que
ces fleurs sont oranges?

Are these flowers orange?

---

flowerbed
le parterre

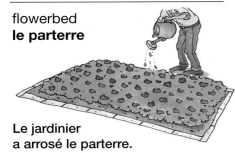

Le jardinier
a arrosé le parterre.

The gardener watered the flowerbed.

---

flu
la grippe

Robert a la
grippe et
reste au lit.

Robert is in
bed with the flu.

---

flute
la flûte

Etienne joue
de la flûte dans l'orchestre.

Steven plays the flute in the orchestra.

---

fly*
voler

L'avion
vole au-dessus de la ville.

The airplane is flying over the town.

---

fly
la mouche

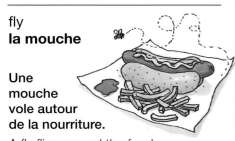

Une
mouche
vole autour
de la nourriture.

A fly flies around the food.

---

fog
le brouillard

La ville
est couverte de brouillard gris.

Gray fog covers the city.

---

follow
suivre

Le chat m'a suivi à la maison.

The cat followed me home.

---

food
la nourriture

La nourriture est sur la table.

The food is on the table.

---

foolish
bête

Jouer
avec des
allumettes,
c'est bête.

Playing with matches is foolish.

---

foot*
le pied

Le bébé a
joué avec son pied.

The baby played with its foot.

---

football
**le football
américain**

Robert joue au
football américain.

Robert plays football.

---

footprint
l'empreinte (f.)

On peut voir nos empreintes
dans le sable mouillé.

Our footprints show in the wet sand.

---

footstool
le tabouret

La petite
fille s'est
assise sur
un tabouret.

The little girl
sat on a footstool.

---

for
pour

Nous prenons
de la dinde pour le dîner.

We are having turkey for dinner.

---

forehead
le front

Mon front
est au-dessus des sourcils.

My forehead is above my eyebrows.

---

forest
la forêt

La forêt est pleine d'arbres.

The forest is full of trees.

---

forget*
oublier

Suzanne
oublie toujours ses lunettes.

Susan always forgets her glasses.

fork
la fourchette

Marie a mangé sa salade avec une fourchette.

Mary ate her salad with a fork.

fountain
la fontaine

Il y a une fontaine dans le parc.

There is a fountain in the park.

fox
le renard

Le renard a couru à travers le jardin.

The fox ran through the yard.

freckles
les taches de rousseur

Robert a des taches de rousseur sur le nez.

Robert has freckles on his nose.

freeze*
geler

L'eau gèle et devient de la glace en hiver.

Water freezes into ice in the winter.

freezer
le congélateur

Il y a de la glace dans notre congélateur.

Our freezer has ice cream in it.

french fries
les frites (f.)

Etienne a mangé des frites avec son hamburger.

Steven ate french fries with his hamburger.

friend
l'ami (m.)
l'amie (f.)

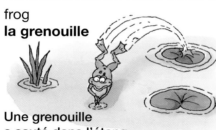

Mon ami aime jouer à la balle.

My friend likes to play ball.

frog
la grenouille

Une grenouille a sauté dans l'étang.

A frog jumped into the pond.

from
de

Le jus vient des fruits.

Juice comes from fruit.

frost
la gelée

Nous avons vu de la gelée sur le gazon ce matin.

We saw frost on the lawn this morning.

fruit
le fruit

Hélène a mangé des fruits pour son goûter.

Helen had some fruit for a snack.

full
plein,
pleine

L'assiette d'Hélène est pleine de nourriture.

Helen's plate is full of food.

fun
amusant,
amusante

Les fêtes d'anniversaire sont si amusantes!

Birthday parties are so much fun!

funnel
l'entonnoir (m.)

Papa a mis l'huile dans la voiture avec un entonnoir.

Dad put the oil in the car with a funnel.

fur
la fourrure

Le loup a une fourrure épaisse.

The wolf has heavy fur.

furnace
la chaudière

La chaudière chauffe notre maison.

The furnace makes our house warm.

furniture
les meubles

Les vieux meubles de grand-papa sont dans le grenier.

Grandpa's old furniture is in the attic.

GgGgGgGg

game
le jeu

Marie et sa sœur jouent à des jeux après les classes.

Mary and her sister play games after school.

garage
le garage

Nous gardons notre voiture dans le garage.

We keep our car in the garage.

garden
le jardin

Thomas a planté des fleurs dans son jardin.

Thomas planted flowers in his garden.

gardener
le jardinier

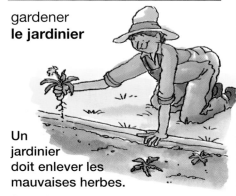

Un jardinier doit enlever les mauvaises herbes.

A gardener must pull weeds.

garden hose
le tuyau d'arrosage

Thomas arrose les plantes avec le tuyau d'arrosage.

Thomas waters the plants with the garden hose.

gas
le gaz

Notre cuisinière utilise du gaz.

Our stove uses gas.

gasoline
l'essence (f.)

La tondeuse utilise de l'essence.

The lawn mower runs on gasoline.

gate
la barrière

Guillaume a ouvert la barrière.

William opened the gate in the fence.

ghost
le fantôme

Les fantômes n'existent pas.

There is no such thing as a ghost.

gift
le cadeau

J'ai apporté un cadeau à la fête d'anniversaire.

I took a gift to the birthday party.

gills
les ouïes (f.)

Les poissons respirent au moyen d'ouïes.

Gills help fish breathe in the water.

giraffe
la girafe

La girafe est un très grand animal.

The giraffe is a very tall animal.

girl
la fille

Ma sœur est une fille.

My sister is a girl.

give*
donner

Donne la boîte à ton frère.

Give the box to your brother.

glad
heureux, heureuse

Nous sommes heureux que vous soyez venus pour le dîner.

We are glad you came for dinner.

glass
le verre

Grand-papa a mis du lait dans le verre.

Grandfather filled the glass with milk.

glass
le verre

La fenêtre est en verre.

The window is made of glass.

glasses
les lunettes (f.)

Guillaume porte des lunettes pour voir.

William wears glasses to help him see.

---

globe
le globe

Il y a un globe sur le bureau du professeur.

A globe sits on the teacher's desk.

---

glove
le gant

Les gants réchauffent les mains en hiver.

Gloves keep our hands warm in the winter.

---

glue
recoller

Qui a recollé la tasse?

Who glued the cup together?

glue
la colle

Qui a renversé de la colle sur la table?

Who spilled glue on the table?

---

go*
aller

Nous irons à l'école.

We will go to school.

---

goat
la chèvre

Les chèvres mangent beaucoup de choses!

Goats eat many things!

---

goggles
les lunettes de plongée (f.)

Hélène porte des lunettes de plongée dans l'eau.

Helen wears goggles under the water.

---

gold
l'or (m.)

L'homme a une montre en or.

The man has a gold watch.

---

good*
bon, bonne

Il est bon de jouer au parc.

It is good to play in the park.

---

goose*
l'oie (f.)

Suzanne a une oie chez elle.

Susan has a pet goose.

---

gorilla
le gorille

Le gorille du zoo mange des fruits et des légumes.

The gorilla at the zoo eats fruits and vegetables.

---

gosling
l'oison (m.)

L'oison est une petite oie.

A gosling is a baby goose.

---

grandfather
le grand-père

Mon grand-père est le père de mon père.

My grandfather is my dad's father.

---

grandmother
la grand-mère

Ma grand-mère est la mère de mon père.

My grandmother is my dad's mother.

---

grandpa
le grand-papa

Grand-papa me lit un livre.

Grandpa reads a book to me.

---

grandparents
les grands-parents

Les grands-parents sont les parents de tes parents.

Grandparents are the parents of your parents.

---

grape
le raisin

Il existe du raisin blanc et du raisin noir.

Grapes are green or purple.

---

grapefruit
le pamplemousse

Thomas a mangé du pamplemousse au déjeuner.

Thomas ate grapefruit for lunch.

grass
l'herbe (f.)

L'herbe de la cour est trop haute.

The grass in the yard is too tall.

---

grasshopper
la sauterelle

Les sauterelles ont des ailes.

Grasshoppers have wings.

---

gravy
la sauce

Marie a mis de la sauce sur les pommes de terre.

Mary put gravy on her potatoes.

---

gray
gris, grise

Le perroquet de Thomas est gris.

Thomas's parrot is gray.

green
vert, verte

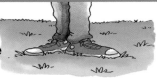

L'herbe est verte.

Grass is green.

---

greenhouse
la serre

La serre est une construction vitrée faite pour les plantes.

A greenhouse is a glass house for plants.

---

grocery store
l'épicerie (f.)

Grand-papa a acheté un poisson à l'épicerie.

Grandpa bought a fish at the grocery store.

---

ground
la terre

Etienne s'est assis par terre et a réfléchi.

Steven sat on the ground and thought.

group
le groupe

Un groupe d'enfants s'est assis en cercle.

A group of children sat in a circle.

---

grow*
grandir

Jimmy grandit vite.

Jimmy is growing fast.

---

guest
l'invité (m.)
l'invitée (f.)

Nos invités ont sonné à la porte.

Our guests rang the doorbell.

---

guitar
la guitare

Guillaume joue de la guitare.

William plays the guitar.

HhHhHhHh

---

hair
les cheveux (m.)

Guillaume se brosse les cheveux.

William is brushing his hair.

half*
la moitié

Marie a mangé la moitié du melon.

Mary ate half the melon.

---

ham
le jambon

Nous avons pris du jambon pour le dîner.

We had ham for dinner.

hamburger
le hamburger

J'ai pris un hamburger pour le dîner.

I had a hamburger for dinner.

---

hammer
enfoncer

Thomas a enfoncé le clou dans le bois.

Thomas hammered the nail into the wood.

---

hammer
le marteau

Thomas a enfoncé le clou avec un marteau.

Thomas hit the nail with a hammer.

hammock
le hamac

Robert
dort dans un hamac.

Robert sleeps in a hammock.

hand
la main

Etienne s'est
lavé les mains.

Steven washed his hands.

handkerchief*
le mouchoir

Thomas
porte
toujours
un mouchoir.

Thomas always
carries a handkerchief.

handsome
beau, belle

L'acteur
était très beau.

The actor was very handsome.

hang*
accrocher

Marie
accroche
son manteau
derrière
la porte.

Mary hangs
her coat
behind the door.

hanger
le portemanteau

Le placard
est plein de portemanteaux.

The closet is full of empty hangers.

happy
heureux,
heureuse

Les gens
sourient quand
ils sont heureux.

People smile when they are happy.

hard
difficile

Il est
difficile de
marcher sur
les mains.

It is hard
to walk on
your hands.

hard
dur, dure

Le plancher est dur!

The floor is hard!

harp
la harpe

Une harpe
a beaucoup
de cordes.

A harp has
many strings.

hat
le chapeau

Ma tante
porte
toujours
un chapeau
à l'église.

My aunt always
wears a hat to church.

have*
avoir

Ils ont des
casquettes rouges.

They have red caps.

hay
le foin

Les chevaux
et les vaches mangent du foin.

Horses and cows eat hay.

head
la tête

Le perroquet
s'est assis sur ma tête.

The parrot sat on my head!

healthy
en bonne santé

Etienne et
Hélène semblent
être en très bonne santé.

Steven and Helen look very healthy.

heart
le cœur

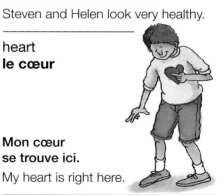

Mon cœur
se trouve ici.

My heart is right here.

heat
la chaleur

Trop de chaleur
brûlera les carottes.

Too much heat will burn the carrots.

heavy
lourd,
lourde

La boîte
est trop
lourde à soulever.

The box is too heavy to lift.

helicopter
l'hélicoptère (m.)

Un hélicoptère
a volé au-dessus de notre maison.

A helicopter flew over our house.

help
aider

Tante Alice
aide Jimmy
à se tenir
debout.

Aunt Alice helps
Jimmy stand up.

hen
la poule

La poule gardait ses poussins.

The hen watched her chicks.

herd
le troupeau

Un troupeau
de moutons était sur la route.

A herd of sheep walked on the road.

here
ici

Mets-le ici, s'il te plaît.

Put it here, please.

---

high
haut,
haute

Les petits
gâteaux sont
sur la planche du haut.

The cookies are on the highest shelf.

hill
la colline

Le petit
chien a couru
en haut de la colline.

The puppy ran up the hill.

hippopotamus
l'hippopotame (m.)

Un
hippopotame était dans le fleuve.

A hippopotamus was in the river.

hit*
frapper

Robert
a frappé la
balle avec la batte.

Robert hit the baseball with the bat.

hockey
le hockey

On porte des patins
à glace pour jouer au hockey.

Hockey is played on ice skates.

hoe
cultiver

Marie
cultivait
souvent
son jardin.

Mary hoed her garden often.

---

hoe
la houe

Thomas s'est
servi d'une
houe pour
enlever les
mauvaises
herbes.

Thomas used
his hoe to weed his garden.

hold*
tenir

Je peux tenir
le petit chat dans la main.

I can hold the kitten in my hand.

hole
le trou

Le chien fait
un trou pour
enterrer son os.

The dog is digging
a hole for its bone.

home
le foyer

Le foyer
est l'endroit
où on se met
en pantoufle.

Home is where
you hang your hat.

homework
le devoir

Etienne
n'a plus
de devoirs
à faire!

Steven has no
more homework to do!

honey
le miel

Les ours aiment le miel.

Bears love honey.

hood
le capuchon

Le manteau d'Hélène a un capuchon.

Helen's winter coat has a hood.

hoof*
le sabot

Le sabot du cheval a un nouveau fer.

The horse's hoof has a new shoe.

hoop
le cerceau

Le chien de cirque a sauté à travers le cerceau.

The circus dog jumped through the hoop.

horn
la corne

Certains animaux ont des cornes.

Some animals have horns.

horse
le cheval

Thomas fait du cheval au ranch.

Thomas rides horses on the ranch.

hose
le tuyau

Suzanne s'est servie du tuyau pour arroser le jardin.

Susan used the hose to water the garden.

hospital
l'hôpital (m.)

Mon oncle est à l'hôpital.

My uncle is in the hospital.

hot
chaud, chaude

Il fait chaud en été.

It is hot in the summer.

hotel
l'hôtel (m.)

Nous avons passé une nuit dans un hôtel.

We slept in a hotel for a night.

hour
l'heure (f.)

Marie a fait ses devoirs en une heure.

Mary did her homework in an hour.

house
la maison

Etienne habite une maison au coin de la rue.

Steven lives in a house on a corner.

how
comment

Comment est Monsieur Martin? Il a chaud!

How is Mr. Martin? He is hot!

hug
embrasser

Ma maman m'embrasse quand elle est heureuse.

My mom hugs me when she is happy.

hump
la bosse

Les chameaux ont des bosses sur le dos.

Camels have humps on their backs.

hungry
avoir faim

Le chien a faim.

The dog is very hungry.

hunt
chercher

Hélène cherche ses chaussures.

Helen is hunting for her shoes.

hurt*
se blesser

Hélène s'est cognée contre la porte et s'est blessée.

Helen ran into the door and hurt her head.

I i *I i* I i *I i*

ice
la glace

Quand il
fait froid,
l'eau gèle
et devient
de la glace.

In cold weather,
water freezes into ice.

ice cream
la glace

La glace
fond vite
en été.

Ice cream melts
fast in the summer.

ice skate
le patin à glace

Ces nouveaux
patins à glace
sont un cadeau
d'anniversaire
pour Robert.

These new ice skates
are for Robert's birthday.

icicle
le glaçon

Des glaçons
pendent
du toit en hiver.

Icicles hang from
the roof in winter.

in front of
devant

La boîte
aux lettres est
devant la maison.

The mailbox is in front of the house.

ink
l'encre (f.)

Le stylo de Thomas
utilise de l'encre noire.

Thomas's pen uses black ink.

insect
l'insecte (m.)

La sauterelle
et la
mouche
sont des
insectes.

Grasshoppers and flies are insects.

into
dans

Mets
la banane
dans le sac.

Put the banana into the lunch bag.

iron
le fer

Attention! —
le fer est chaud!

Careful — the iron is hot!

island
l'île (f.)

Une île est entourée d'eau.

An island is surrounded by water.

J j *J j* J j *J j*

jacket
le blouson

Robert porte
un blouson au printemps.

Robert wears a jacket in the spring.

jam
la confiture

Marie aime le
pain grillé avec de la confiture.

Mary loves toast with jam.

jeans
le jean

Robert porte un vieux
jean quand il nettoie le plancher.

Robert wears old
jeans to clean the floor.

Jeep
la Jeep

La Jeep
a monté
la route
montagneuse.

The Jeep drove
up the mountain road.

jelly
la confiture

Certains gâteaux
ont de la confiture.

Some cakes have jelly in them.

jet
l'avion à réaction (m.)

As-tu voyagé en
avion à réaction?

Have you flown on a jet?

jewel
**la pierre
précieuse**

Son collier
a beaucoup
de pierres précieuses.

Her necklace has many jewels on it.

jeweler
le bijoutier

Le bijoutier vend des
bagues et des bracelets.

The jeweler sells rings and bracelets.

jigsaw puzzle
le puzzle

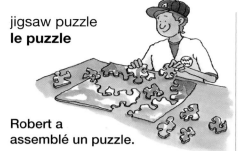

Robert a
assemblé un puzzle.

Robert put together a jigsaw puzzle.

jog
**faire du
jogging**

Etienne et son père font
du jogging dans le parc.

Steven and his dad jog in the park.

juggle
jongler

Avec
combien
de balles
est-ce que
le clown jongle?

How many balls is
the clown juggling?

juice
**le jus
de fruit**

Jimmy veut du jus de fruit.

Jimmy wants juice.

jump
sauter

Marie
peut sauter
au-dessus de la clôture.

Mary can jump over the fence.

jungle
la jungle

Il fait
très chaud
dans la jungle.

It is very hot in the jungle.

jungle gym
la cage à poule

Les enfants
grimpent sur
la cage à poule.

The children climb
on the jungle gym.

KkKkKkKk

kangaroo
le kangourou

Le kangourou
peut sauter très loin.

A kangaroo can jump very far.

keep*
garder

La mère
d'Etienne
garde tous
ses examens.

Steven's mom keeps all his exams.

ketchup
le ketchup

Hélène a
mis du ketchup
sur son hamburger.

Helen put ketchup on her hamburger.

kettle
le chaudron

La cuisinière
remue la soupe
dans le chaudron.

The cook is stirring a kettle of soup.

key
la clef

On peut
ouvrir
la porte avec
cette clef.

The door can be
opened with this key.

kick
le coup de pied

Robert a donné un bon coup de pied dans le ballon.

Robert gave the ball a hard kick.

kick
donner un coup de pied

Robert a donné un coup de pied dans le ballon.

Robert kicked the football.

kid
le chevreau

Le chevreau est le petit de la chèvre.

A kid is a baby goat.

king
le roi

Le roi habite un château.

The king lives in a castle.

kitchen
la cuisine

Nous déjeunons dans la cuisine.

We eat in the kitchen.

kite
le cerf-volant

Le cerf-volant de Thomas est haut dans le ciel.

Thomas's kite is high in the sky.

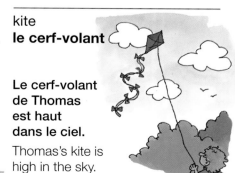

kitten
le chaton

Mon chat est une bonne maman pour ses chatons.

My cat is a good mother to her kittens.

knee
le genou

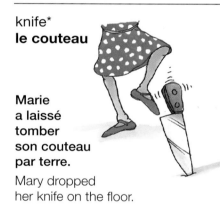

Etienne s'est fait mal au genou en jouant au football américain.

Steven hurt his knee playing football.

knife*
le couteau

Marie a laissé tomber son couteau par terre.

Mary dropped her knife on the floor.

knit*
tricoter

Grand-maman a tricoté un pull pour son chien.

Grandma knit her dog a sweater.

knot
le nœud

Suzanne a fait un nœud avec ses lacets.

Susan tied her shoelaces in knots.

Ll Ll Ll Ll

label
l'étiquette (f.)

Robert a lu l'étiquette de la soupe en boîte.

Robert read the label on the soup can.

lace
la dentelle

Nos rideaux sont en dentelle.

Our curtains are made of lace.

ladder
l'échelle (f.)

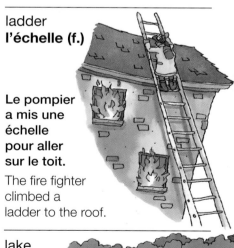

Le pompier a mis une échelle pour aller sur le toit.

The fire fighter climbed a ladder to the roof.

lake
le lac

Nous aimons aller à la pêche et nager dans le lac.

We like to fish and swim at the lake.

lamb
l'agneau (m.)

Les agneaux aiment jouer.
The lambs love to play.

lamp
la lampe

Une grande lampe éclaire la chambre à coucher.
A large lamp lights up the bedroom.

lap
les genoux

Quand je m'assieds, mon chat saute sur mes genoux.
When I sit down, my cat jumps up on my lap.

large
grand, grande

Le blouson est trop grand pour Marie.
The jacket is too large for Mary.

last
dernier, dernière

Qui voudrait le dernier morceau du gâteau?
Who wants the last piece of cake?

late
en retard

Maman est arrivée en retard au travail.
Mom was late for work.

laugh
rire

Suzanne rit à cause du clown.
Susan is laughing at the clown.

laugh
le rire

Le rire de Suzanne est très fort.
Susan's laugh is very loud.

laundry
le linge

Il faut laver ce tas de linge.
This pile of laundry has to be washed.

lawn
le gazon

Thomas s'est assis sur le gazon sous un arbre.
Thomas sat on the lawn under a tree.

lawn mower
la tondeuse

Papa a tondu le gazon avec la tondeuse.
Dad cut the grass with the lawn mower.

lazy
paresseux, paresseuse

Marie était paresseuse et a refusé de nettoyer sa chambre.
Mary was lazy and would not clean her room.

leaf*
la feuille

Une feuille d'arbre est tombée sur mes genoux.
A leaf fell off the tree and into my lap.

leap*
sauter

Il est amusant de sauter au-dessus des flaques d'eau quand il pleut.
It's fun to leap over puddles in the rain.

learn
apprendre

A l'école nous apprenons à lire.
At school we are learning to read.

leather
le cuir

Les chaussures de Robert sont en cuir.
Robert's shoes are leather.

leave*
quitter

Je quitte la maison après le petit déjeuner pour aller à l'école
I leave the house for school after breakfast.

left
gauche

Guillaume tenait le ballon de la main gauche.
William held the balloon in his left hand.

leg
la patte

L'araignée a
de très longues pattes.
The spider has very long legs.

lemon
le citron

Hélène presse des citrons.
Helen is squeezing lemons.

lemonade
le citron pressé

Nous prenons
un citron pressé
quand il fait chaud.
We drink lemonade
when the weather is hot.

leopard
le léopard

Un léopard habite au zoo.
A leopard lives at the zoo.

less*
moins

Robert
a moins
de mousse
que Suzanne.
Robert has less
mousse than Susan does.

lesson
la leçon

Pour Hélène
c'est l'heure de
la leçon de violon.
It is time for Helen's violin lesson.

---

letter
la lettre

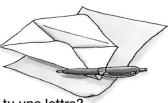

M'écriras-tu une lettre?
Will you write me a letter?

letter carrier
le facteur

Le facteur remplit
notre boîte aux lettres.
The letter carrier fills our mailbox.

lettuce
la laitue

Guillaume
a mis de la
laitue dans
la salade.
William put lettuce in the salad.

librarian
le bibliothécaire
la bibliothécaire

La bibliothécaire
m'aide à trouver des livres.
The librarian helps me find books.

lick
lécher

Marie lèche
son cornet
de glace.
Mary is licking
her ice cream cone.

lift
lever

Lève le
dessus de la
boîte, s'il te plaît.
Please lift the top of the box.

---

light*
allumer

Maman allume une bougie.
Mother is lighting a candle.

lightbulb
l'ampoule (f.)

Marie a mis une
nouvelle ampoule à la lampe.
Mary put a new lightbulb in the lamp.

lightning
les éclairs
(m.)

La nuit,
les éclairs
illuminent le ciel.
Lightning lights up the night sky.

like
comme

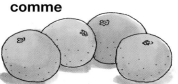

L'un est comme l'autre.
One is like the other.

like
aimer

Etienne aime la glace!
Steven likes ice cream!

lime
le citron vert

De quelle
couleur est le citron vert?
What color is the lime?

line
la queue

Je n'aime pas faire la queue.
I do not like standing in line.

lion
le lion

Les lions dorment.
The lions are sleeping.

lip
la lèvre

Hélène s'est
mordu la lèvre.
Helen bit her lip.

list
la liste

Combien
de choses
est-ce qu'il y a
sur la liste?
How many things are on the list?

listen
écouter

Les élèves
écoutent de la musique.
The students listen to the music.

little
petit, petite

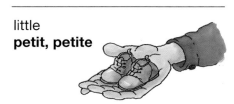

Les chaussures
du bébé sont petites.
The baby's shoes are little.

live
vivre

Le chien
vit dans une niche.
The dog lives in a small house.

living room
le salon

Il y a une
cheminée dans notre salon.
Our living room has a fireplace.

lizard
le lézard

Un lézard était
assis sur une pierre au soleil.
A lizard sat on a rock in the sun.

lobster
le homard

Le pêcheur a
attrapé un homard.
The fisherman caught a lobster.

lock
fermer à clef
Hélène a fermé
la porte à clef
quand elle
est sortie.
Helen locked
the door
when she left.

lock
la serrure
La porte a deux serrures.
There are two locks on the door.

log
la bûche

L'oncle
Edouard
a apporté
des bûches.
Uncle Edward
carried in some logs.

lollipop
la sucette

Jimmy a
laissé tomber
sa sucette.
Jimmy dropped his lollipop.

long
long, longue

Le pantalon
est trop long
pour Thomas.
The pants are
too long for Thomas.

look
regarder

Hélène
regarde la tarte aux cerises.
Helen is looking at the cherry pie.

loud
fort, forte

La cloche
est très forte!
The bell is very loud!

love
aimer

Maman aime
beaucoup Jimmy.
Mommy loves Jimmy very much.

lunch
le déjeuner

Nous avons mangé
de la soupe et des
sandwichs pour le déjeuner.
We ate soup
and sandwiches for lunch.

MmMmMmMm

magazine
le magazine

Thomas lit
des magazines
à la maison.

Thomas reads
magazines at home.

magician
le magicien

Le magicien
a fait sortir
un lapin de
son chapeau.

The magician
pulled a rabbit
out of his hat.

magnet
l'aimant (m.)

L'aimant attire les clous.

The nails are pulled by a magnet.

mail
le courrier

Une
lettre pour
Suzanne est
arrivée par le courrier.

A letter came for Susan in the mail.

mailbox
la boîte aux lettres

Toutes les maisons
ont une boîte aux lettres.

Every home has a mailbox.

make*
faire

Hélène a fait
une tarte pour le dessert.

Helen made a pie for dessert.

make-believe
**faire
semblant**

Les enfants
font semblant pour s'amuser.

Children play make-believe.

man*
l'homme (m.)

Mon oncle
est un grand
homme.

My uncle is
a tall man.

mane
la crinière

Le cheval a
une longue crinière.

The horse has a long mane.

many
beaucoup de

Il y a beaucoup
de bougies sur le gâteau!

There are many candles on the cake!

map
la carte

Robert a
une carte
des Etats-Unis.

Robert has a map
of the United States.

mask
le masque

Il y a un
masque drôle avec le costume.

The costume has a silly mask.

match
**l'allumette
(f.)**

Papa a allumé
le feu avec des allumettes.

Dad lit the fire with matches.

match
**aller
ensemble**

Ces chaussettes
ne vont pas ensemble.

These socks do not match.

meal
le repas

Le petit
déjeuner
est le repas du matin.

Breakfast is the morning meal.

meat
la viande

Papa a
découpé la
viande pour
des sandwichs.

Dad cut up the
meat for sandwiches.

44

mechanic
le mécanicien

Le mécanicien
répare des
voitures
à la station-service.

A mechanic fixes
cars at the gas station.

---

medal
la médaille

Le coureur
a gagné une
médaille.

The runner
won a medal.

---

medicine
le médicament

La mère
de Robert
lui a donné
un médicament.

Robert's mother
gave him some medicine.

---

medium
moyen, moyenne

Moyen est
entre grand et petit.

Medium is between large and small.

---

melon
le melon

Grand-papa a
planté des melons
dans son jardin.

Grandfather planted
melons in his garden.

---

melt
fondre

La glace
d'Hélène a fondu.

Helen's ice cream melted.

---

menu
le menu

J'ai lu le menu au restaurant.

I read the menu at the restaurant.

---

mess
sale

Thomas a
le visage sale.

Thomas's face is a mess.

---

microphone
le micro

Le chanteur
chante dans
un micro.

The singer sang
into a microphone.

---

microscope
le microscope

Le microscope
grossit les
petites choses.

The microscope
makes small things look big.

---

milk
le lait

Le lait vous
donne des os et
des dents solides.

Milk gives you
strong bones
and teeth.

---

mirror
le miroir

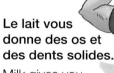

Hélène se
regarde dans
le miroir.

Helen is looking at
herself in the mirror.

---

mittens
les moufles

Robert
porte
ses moufles
dans la neige.

Robert wears his
mittens outside in the snow.

---

mix
mélanger

Guillaume
a mélangé
de la farine
dans la pâte.

William mixed flour
into the cookie dough.

---

mom
maman

J'appelle ma mère *maman*.

I call my mother *mom*.

---

money
l'argent (m.)

Robert a
acheté une
balle avec son argent.

Robert bought a ball with his money.

---

monkey
le singe

Le singe
a sauté d'une
branche à l'autre.

The monkey jumped
from branch to branch.

month
le mois

Il y a quatre
semaines dans un mois.
There are four weeks in a month.

moon
la lune

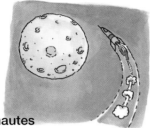

Les astronautes
sont allés sur la lune.
The astronauts went to the moon.

more*
plus

Jimmy
veut
plus de lait.
Jimmy wants more milk.

morning
le matin

Nous prenons
le petit déjeuner tous les matins.
We have breakfast every morning.

mosquito
le moustique

Un moustique m'a piqué!
A mosquito bit me!

moth
le papillon de nuit

Le papillon
de nuit ressemble au papillon.
The moth looks like a butterfly.

mother
la mère

Ma mère me lit une histoire.
My mother reads to me.

mountain
la montagne

Les
montagnes sont
couvertes de neige.
The mountains
are covered with snow.

mouse*
la souris

La souris
est entrée
par un trou dans le mur.
The mouse ran
into a hole in the wall.

mouth
la bouche

J'ai ouvert
la bouche
pour le dentiste.
I opened my mouth for the dentist.

movie
le film

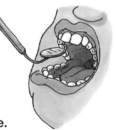

Les enfants ont regardé un film.
The children watched a movie.

much
beaucoup de

Il y a beaucoup d'aliments ici!
There is much food here!

mud
la boue

Les cochons
aiment se
rouler dans la boue.
Pigs love to roll in the mud.

museum
le musée

Il y a beaucoup
de statues dans un musée.
A museum contains many statues.

mushroom
le champignon

Nous avons
trouvé des
champignons
dans l'herbe
mouillée.
We found
mushrooms in the wet grass.

music
la musique

Hélène a écrit
une nouvelle
musique pour
le groupe.
Helen wrote
new music for the band to play.

mustache
la moustache

L'oncle
de Robert
a une grande
moustache.
Robert's uncle
has a large mustache.

mustard
la moutarde

Les sandwichs
au jambon sont
bons avec de
la moutarde.
Mustard is good
on ham sandwiches.

NnNnNnNn

nail
clouer

Robert a cloué
l'enseigne à la barrière.

Robert nailed
the sign to
the fence.

nail
le clou

Robert s'est servi
de quatre clous.

Robert used four nails.

name
le prénom

Qui a le
prénom *Jimmy*?

Whose name is *Jimmy*?

nap
la sieste

Grand-papa fait la sieste.

Grandpa is taking a nap.

nap
faire un somme

Il fait un somme sur le divan.

He is napping on the sofa.

napkin
la serviette

Marie a laissé
tomber sa serviette.

Mary dropped her napkin.

narrow
étroit, étroite

La boîte aux
lettres est
trop étroite.

The mailbox is too narrow.

near
près de

La lampe est
près de la chaise.

The lamp is
near the chair.

neck
le cou

Les girafes
ont un
long cou.

Giraffes have
long necks.

necklace
le collier

Hélène porte
un collier en or.

Helen is wearing a gold necklace.

necktie
la cravate

Robert porte
une cravate.

Robert is
wearing a necktie.

need
avoir besoin de

Nous avons
besoin de plus de lait.

We need more milk.

needle
l'aiguille (f.)

Grand-maman
coud avec une aiguille.

Grandma sews with a needle.

nest
le nid

Les petits
oiseaux
attendent
dans le nid.

The baby birds
are waiting in the nest.

net
le filet

J'ai lancé
la balle
au dessus
du filet.

I hit the volleyball over the net.

never
jamais

Le professeur
n'est jamais
en retard!

The teacher is never late!

new
**nouveau,
nouvelle**

Etienne a besoin
de nouvelles chaussures.

Steven needs new shoes.

newspaper
le journal

Hélène lit
le journal.

Helen is reading the newspaper.

night
la nuit

Les nuits
sont tranquilles à la montagne.

Nights are quiet in the mountains.

noise
le bruit

Le perroquet fait trop de bruit.

The parrot is making too much noise.

noodles
les nouilles

Ma tante a préparé
des nouilles pour le déjeuner.

My aunt cooked noodles for lunch.

noon
midi

Guillaume a
faim à midi.

William is
hungry by noon.

nose
le nez

En hiver
mon nez
est rouge.

In the winter my
nose becomes red.

note
noter

Guillaume
notera l'adresse.

William will make
a note of the address.

notebook
le cahier

Il écrit l'adresse
dans son cahier.

He is writing the
address in his notebook.

notepad
le carnet

Il y a un carnet
près du téléphone.

There is a notepad
near the telephone.

number
le chiffre

Il y a
des chiffres
dans mon adresse.

There are numbers in my address.

nurse
**l'infirmier
(m.)
l'infirmière
(f.)**

Une infirmière aide
les malades à retrouver la santé.

A nurse helps make patients healthy.

nuts
les noix

Il y a des
noix sur la
glace de Marie.

Mary's ice cream
has nuts on top.

OoOoOoOo

oar
la rame

Les rames sont dans le bateau.

The oars are in the rowboat.

ocean
l'océan (m.)

Les baleines
vivent dans l'océan.

Whales live in the ocean.

octopus
la pieuvre

La pieuvre a huit tentacules.

An octopus has eight arms.

off
de

Etienne
est tombé de son cheval.

Steven fell off his horse.

office
le bureau

Mon père va
au bureau pour travailler.

My dad goes to an office to work.

often
souvent

Le feu de signalisation change souvent de couleur.

The traffic light changes often.

oil
l'huile (f.)

Les voitures consomment de l'huile et de l'essence.

Cars have to have oil and gasoline.

old
vieux, vieille

Marie a porté une nouvelle chemise et son vieux jean.

Mary wore a new shirt and her old jeans.

omelet
l'omelette (f.)

J'ai préparé une omelette avec des œufs et du fromage.

I cooked an omelet with eggs and cheese.

on
sur

Robert est sur le vélo.

Robert is on the bicycle.

onion
l'oignon (m.)

Mon père mange des oignons avec un hamburger.

My dad eats onions on his hamburger.

open
ouvrir

Le bébé a ouvert la bouche pour pleurer.

The baby opened her mouth to cry.

open
ouvert, ouverte

La pluie est entrée par la fenêtre ouverte.

The rain came in the open window.

orange
la couleur orange

Mélange le rouge et le jaune pour faire la couleur orange.

Mix red and yellow to make orange.

orange
l'orange (f.)

Robert a mangé une orange pour le déjeuner.

Robert ate an orange for lunch.

orchestra
l'orchestre (m.)

Les musiciens de l'orchestre ont joué plus d'une heure!

The orchestra played for more than an hour!

ostrich
l'autruche (f.)

L'autruche est un très grand oiseau.

The ostrich is a very large bird.

other
autre

L'autre morceau de gâteau est pour toi!

The other piece of cake is yours!

(go) out
sortir

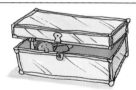

Etienne est sorti par la porte.

Steven went out the door.

outside
l'extérieur (m.)

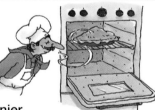

L'extérieur de la boîte est en or.

The outside of the box is gold.

oven
le four

Le cuisinier a fait cuire une tarte au four.

The cook baked a pie in the oven.

over
au-dessus de

L'avion a volé au-dessus de notre maison.

The airplane flew over our house.

owl
le hibou

Les hiboux cherchent de la nourriture la nuit.

Owls hunt for food at night.

PpPpPpPp

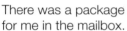

package
le colis

Il y avait un colis pour moi dans la boîte aux lettres.

There was a package for me in the mailbox.

page
la page

Jimmy a dessiné sur cette page.

Jimmy drew on this page.

pail
le seau

Jimmy a apporté son seau à la plage.

Jimmy took his pail to the beach.

(have a) pain
avoir mal

Robert avait mal à la tête.

Robert had a pain in his head.

paint
faire une peinture

Hélène a fait une peinture de son chat.

Helen painted a picture of her cat.

paint
la peinture

La peinture rouge a dégoutté sur le tapis.

The red paint dripped on the rug.

---

paintbrush
le pinceau

Etienne a mis le pinceau dans la peinture.

Steven put the paintbrush into the paint.

pajamas
le pyjama

Marie porte un pyjama à chaussettes.

Mary wears pajamas with feet.

palace
le palais

Le roi et la reine habitent dans un palais.

The king and queen live in a palace.

pan
la poêle

Maman fuit cuire des œufs dans une poêle.

Mother cooks eggs in a pan.

panda
le panda

Il y a un nouveau panda au zoo.

The zoo has a new panda.

pants
le pantalon

Robert a porté une chemise blanche et un pantalon noir.

Robert wore a white shirt and black pants.

---

paper
le papier

Le papier d'Hélène est au tableau d'affichage.

Helen's paper is on the bulletin board.

parachute
le parachute

L'homme a sauté de l'avion en parachute.

The man jumped from the airplane with a parachute.

parade
le défilé

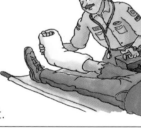

Des clowns faisaient partie du défilé.

There were clowns in the parade.

paramedic
l'auxiliaire médical (m., f.)

Les auxiliaires médicaux aident les bléssés.

Paramedics help people who are hurt.

---

parents
les parents

Mes parents sont maman et papa.

My parents are Mommy and Daddy.

park
le parc

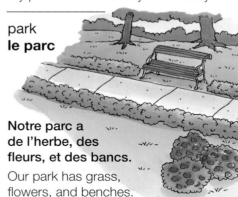

Notre parc a de l'herbe, des fleurs, et des bancs.

Our park has grass, flowers, and benches.

parrot
le perroquet

Le
perroquet
de tante
Alice lui parle.

Aunt Alice's parrot talks to her.

part
la partie

Le garçon
a mangé une
partie de la pomme.

The boy ate part of the apple.

party
la fête

Jimmy donne
une fête d'anniversaire.

Jimmy is having a birthday party.

passenger
le passager

Les
passagers
achètent des
billets pour
voyager
par le train.

Passengers buy
tickets to ride the train.

paste
coller

Thomas a collé son
image sur la page.

Thomas pasted his
picture on
the page.

paste
la colle

Quelqu'un
a laissé
de la colle
sur la table.

Someone left
the paste on the table.

pasture
le pré

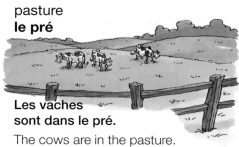

Les vaches
sont dans le pré.

The cows are in the pasture.

path
le sentier

Guillaume
a suivi un
sentier dans la forêt.

William followed a path in the forest.

patient
le malade
la malade

Une infirmière
donne un médicament au malade.

A nurse gives the patient medicine.

paw
la patte

Le chien a
levé la patte.

The dog held up its paw.

pea
le petit pois

J'aime les petits
pois et les carottes.

I like peas and carrots.

peach
la pêche

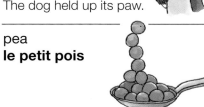

Robert a mangé
une pêche avec ses céréales.

Robert ate a peach with his cereal.

peanut
la cacahuète

Hélène
mange des
cacahuètes
au cinéma.

Helen eats peanuts at the movies.

pear
la poire

Voici deux poires et une pomme.

Here are two pears and an apple.

pebble
le caillou

Suzanne
a laissé
tomber un
caillou
dans l'eau.

Susan dropped
a pebble into the water.

pen
le stylo

L'élève a écrit avec un stylo.

The student wrote with a pen.

pencil
le crayon

Guillaume
dessine avec un crayon.

William draws pictures with a pencil.

pencil sharpener
le taille-crayon

Il y a un
taille-crayon
dans la salle
de classe.

There is a
pencil sharpener in the classroom.

penguin
le pingouin

Les pingouins
vivent sur la glace.
Penguins live on the ice.

people
les gens

Des gens
sont venus chez nous.
Some people came to our house.

pepper
le poivre

Le poivre
est noir et
le sel est blanc.
Pepper is black, and salt is white.

person
la personne

Une personne
était en retard pour les classes.
One person was late for school.

pet
l'animal (m.)
Le petit
chien est
l'animal de
Suzanne.
The puppy
is Susan's pet.

pet
caresser
Suzanne
caresse son petit chien.
Susan is petting her puppy.

petal
le pétale

Cette fleur
a des pétales
doux et rouges.
This flower has
soft, red petals.

pharmacist
le pharmacien

Tante Alice
achète des
pilules chez
le pharmacien.
Aunt Alice buys pills
from the pharmacist.

pharmacy
la pharmacie

On vend des
médicaments à la pharmacie.
The pharmacy sells medicine.

phone booth
la cabine téléphonique

Papa nous
téléphone
d'une cabine
téléphonique.
Dad is calling
home from a
phone booth.

photograph
la photo

Marie tient
une photo
de son père.
Mary is holding
a photograph of her dad.

piano
le piano

Robert
joue du
piano pendant
que sa sœur chante.
Robert plays the piano
while his sister sings.

picnic
le pique-nique

Nous
avons mangé du
poulet à notre pique-nique.
We ate chicken at our picnic.

picture
le tableau

Au musée,
il y a des
tableaux
sur les murs.
In a museum,
pictures hang on the walls.

pie
la tarte

Qui a mangé
un morceau de tarte?
Who ate a piece of pie?

piece
le morceau

C'est un
très grand morceau!
That is a very large piece!

pig
le cochon

Il y a
beaucoup
de cochons
dans la ferme
de l'oncle Edouard.
There are many pigs
on Uncle Edward's farm.

piggy bank
la tirelire

Marie a
de l'argent
dans sa tirelire.
Mary keeps money
in her piggy bank.

pile
le tas

Il y a un tas
de terre sur le trottoir.

A pile of dirt covered the sidewalk.

pill
la pilule

L'infirmière a donné
une pilule jaune à Thomas.

The nurse gave Thomas a yellow pill.

pillow
**l'oreiller
(m.)**

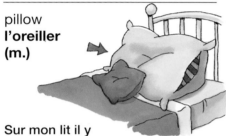

Sur mon lit il y
a des oreillers doux pour ma tête.

My bed has soft pillows for my head.

pilot
le pilote

Le pilote fait voler l'avion.

The pilot is flying the airplane.

pin
l'épingle (f.)

Les épingles
sont très pointues!

Pins are very sharp!

pineapple
l'ananas (m.)

Suzanne a
mis de l'ananas
dans la salade
de fruits.

Susan put
pineapple
in the fruit salad.

---

pink
rose

Suzanne
a porté
un chapeau
rose et un
manteau rose.

Susan wore a pink hat and coat.

pitcher
**le lanceur
la lanceuse**

Marie est
lanceuse pour son
équipe de baseball.

Mary is the pitcher
on her baseball team.

pitcher
la cruche

Thomas a
renversé la
cruche de lait.

Thomas spilled
the milk pitcher.

place
**l'endroit
(m.)**

Le lit est
l'endroit où on dort.

A bed is a place for sleeping.

plain
simple

Le cadeau
est arrivé
enveloppé de
papier simple
sans ruban.

The gift came in
plain paper with no ribbons.

plain
la plaine

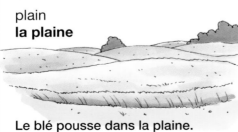

Le blé pousse dans la plaine.

Wheat grows on the plains.

---

planet
la planète

Les planètes
entourent le soleil.

The planets circle the sun.

plant
planter

L'agriculteur
plante du maïs.

The farmer is planting corn.

plant
la plante

Le rebord
de la fenêtre
est couvert de plantes.

The window is full of plants.

plate
l'assiette (f.)

Guillaume a
de la viande et
des pommes
de terre dans
son assiette.

William has meat
and potatoes on his plate.

play
jouer de

Marie joue
de la guitare.

Mary plays the guitar.

play
jouer

Les enfants
jouent sur
la balançoire.

The children are
playing on the swings.

playground
le terrain de jeu

Robert va
au terrain de
jeu après l'école.
Robert goes to the
playground after school.

please
s'il vous plaît

Je
voudrais
plus de gâteau,
s'il vous plaît.
More cake, please.

plumber
le plombier

Un plombier est
venu pour réparer l'évier.
A plumber came to fix the sink.

pocket
la poche

Qu'est-ce qu'il y
a dans ta poche?
What is in your pocket?

point
montrer du doigt

Suzanne
montre le chat du doigt.
Susan is pointing at the cat.

point
la pointe

L'aiguille a
une pointe aiguë.
The needle has a sharp point.

polar bear
l'ours blanc (m.)

Les ours blancs
ont une fourrure blanche.
Polar bears have white fur.

police
la police

La police nous protège.
The police keep us safe.

police car
la voiture de police

Une voiture de police roulait
à toute vitesse dans la rue.
A police car raced down the street.

policeman*
l'agent de police (m.)

Un agent de police a donné
une contravention à mon père.
A policeman gave my dad a ticket.

policewoman*
**l'agent de police
(f.)**

L'agent
de police m'a
montré le chemin.
The policewoman
showed me the way.

pond
**l'étang
(m.)**

Il y a
des grenouilles
et des poissons dans l'étang.
Frogs and fish live in the pond.

ponytail
la queue de cheval

Marie a attaché
sa queue
de cheval
avec un ruban.
Mary tied a ribbon
around her ponytail.

pool
la piscine

Nous nageons et nous
jouons dans une piscine.
We swim and play in a pool.

popcorn
le popcorn

Etienne achète
du popcorn
au ciné.
Steven buys popcorn at the movies.

porch
la véranda

J'aime m'asseoir sur
la véranda au coucher du soleil.
I love to sit on the porch at sunset.

porthole
le hublot

Un hublot est
une fenêtre dans un bateau.
A porthole is a window on a boat.

post office
la poste

Hélène achète
des timbres
à la poste.
Helen buys stamps
at the post office.

pot
la marmite

Suzanne remue la soupe dans la marmite.

Susan is stirring the pot of soup.

---

potato
la pomme de terre

Grand-maman a coupé des pommes de terre pour faire des frites.

Grandma cut up potatoes to make french fries.

---

potato chips
les chips (m.)

Robert a mangé des chips au pique-nique.

Robert ate potato chips at the picnic.

---

powder
poudrer

Marie a poudré le bébé.

Mary powdered the baby.

---

practice
s'exercer

Hélène s'exerce au violon.

Helen is practicing the violin.

---

present
le cadeau

Ces cadeaux d'anniversaire sont pour Jimmy.

These birthday presents are for Jimmy.

---

pretty
beau, belle

Le jardin est plein de belles fleurs.

The garden is filled with pretty flowers.

---

price
le prix

Les prix des plats sont indiqués sur le menu.

The prices for the food are on the menu.

---

prince
le prince

Le prince est le fils du roi et de la reine.

A prince is the son of a king and queen.

---

princess
la princesse

La princesse portait une petite couronne.

The princess wore a small crown.

---

prize
le prix

Robert a gagné un prix parce qu'il a couru vite.

Robert won a prize for running fast.

---

puddle
la flaque

Les enfants ont marché dans les flaques.

The children walked through the puddles.

---

pull
tirer

Marie a tiré le petit chariot sur le trottoir.

Mary pulled the wagon down the sidewalk.

---

pumpkin
la citrouille

Maman a sculpté un visage dans ma citrouille.

Mommy carved a face in my pumpkin.

---

puppet
la marionnette

Guillaume tient à la main une marionnette.

William has a puppet on his hand.

---

puppy
le petit chien

J'aime mon nouveau petit chien!

I love my new puppy!

---

purple
pourpre

Le jus de raisin est couleur pourpre.

Grape juice is purple.

---

purse
le sac

Suzanne porte son sac à l'épaule.

Susan carries her purse on her shoulder.

push
repousser

Etienne a repoussé son assiette.
Steven pushed his plate away.

put*
mettre

Etienne
s'est mis la main sur la tête.
Steven put his hand on his head.

puzzle
le casse-tête

Ce casse-tête
est trop difficile.
This puzzle is too hard.

QqQqQqQq

Qq

queen
la reine

La reine
porte des
bijoux et
une couronne.
The queen wears
jewels and a crown.

quiet
tranquille

SSSSHHHH

Reste
bien tranquille, s'il te plaît.
Please be quiet.

RrRrRrRr

Rr

rabbit
le lapin

Thomas a
un lapin blanc.
Thomas's pet is a white rabbit.

race
faire la course
Je fais la course avec toi
jusqu'à l'arbre.
I will race you
to the tree.

race
la course
Qui gagnera
cette course?
Who will win this race?

radio
la radio

La radio
d'Hélène est
trop forte.
Helen's radio is too loud.

rag
le chiffon

Thomas a
nettoyé la saleté
avec un chiffon.
Thomas cleaned up
the mess with a rag.

rain
la pluie

Les nuages
noirs ont donné
de la pluie.
Rain came from the dark clouds.

rainbow
l'arc-en-ciel
(m.)

Il y avait
un arc-en-ciel.
There was a rainbow in the sky.

raincoat
l'imperméable (m.)
Suzanne a un
imperméable
jaune.
Susan has
a yellow raincoat.

rake
le râteau

Guillaume
ramasse les
feuilles avec
un râteau.
William rakes the leaves with a rake.

ranch
le ranch

Les cowboys
vivent dans des ranchs.
Cowboys live on ranches.

raspberries
les framboises (f.)

Marie a mangé
des framboises
avec sa glace.
Mary ate raspberries
with her ice cream.

rat
le rat

Le chat a
poursuivi le rat.

The cat ran after the rat.

read*
lire

Guillaume lit une
histoire à Jimmy.

William is reading Jimmy a story.

receive
recevoir

Marie a reçu
un cadeau de Guillaume.

Mary received a gift from William.

red
rouge

Les pommes,
les cerises, et
les framboises
sont rouges.

Apples, cherries,
and raspberries are red.

refrigerator
le réfrigérateur

On garde
le lait dans
le réfrigérateur.

Milk is kept in the refrigerator.

reins
la rêne

Guillaume
contrôle son
cheval en
tirant sur les rênes.

William steers his
horse by pulling the reins.

relative
le parent proche

Ma tante et
mon oncle sont
deux parents proches.

My aunt and uncle
are two of my relatives.

reporter
le journaliste

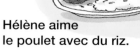

Ce journaliste
écrit pour un journal.

That reporter writes for a newspaper.

reptile
le reptile

Les serpents
et les alligators sont des reptiles.

Snakes and alligators are reptiles.

restaurant
le restaurant

Etienne
et son
père ont dîné
dans un restaurant.

Steven and his dad
ate dinner at a restaurant.

rhinoceros
le rhinocéros

Le rhinocéros
est un grand
animal avec
une corne.

The rhinoceros
is a large animal with a horn.

ribbon
le ruban

La mère de
Suzanne a mis
un ruban dans
les cheveux
de Suzanne.

Susan's mother
tied a ribbon in her hair.

rice
le riz

Hélène aime
le poulet avec du riz.

Helen likes chicken with rice.

ride*
**aller
(en vélo)**

Guillaume
va à l'école en vélo.

William rides his bicycle to school.

right
droit, droite

Marie s'est mis
la main droite
sur le cœur.

Mary put her right
hand on her heart.

right
bon, bonne

Lequel
est le bon chemin?

Which is the right way?

ring*
sonner

Guillaume
sonne
pour le dîner.

William is ringing the dinner bell.

ring
la bague

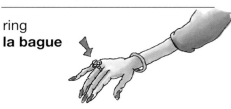

Maman porte une bague.

Mom wears a ring.

57

river
le fleuve

Est-ce que tu vois le fleuve dans la vallée?

Do you see the river in the valley?

road
la route

Cette route va dans la forêt.

That road goes into the forest.

roar
rugir

Le lion a rugi de faim.

The lion roared for food.

roast
rôtir

Hélène a fait rôtir une dinde au four.

Helen roasted a turkey in the oven.

roast
le rôti

Le rôti a cuit pendant des heures!

The roast cooked for hours!

robe
le peignoir

Robert porte un peignoir sur son pyjama.

Robert wears a robe over his pajamas.

robin
le rouge-gorge

Les œufs du rouge-gorge sont bleus.

Robins' eggs are blue.

rock
la pierre

Marie a trouvé une belle pierre sur la plage.

Mary found a pretty rock on the beach.

rock
bercer

L'oncle Edouard aime se bercer dans son fauteuil.

Uncle Edward loves to sit and rock.

roll
se retourner

Mon chien peut se retourner et se tenir droit.

My dog can roll over and sit up.

roller skates
les patins à roulettes

Hélène va vite sur ses patins à roulettes.

Helen goes fast on her roller skates.

roof
le toit

Le toit de notre maison est rouge.

Our house has a red roof.

room
la chambre

Etienne a sa propre chambre.

Steven has his own room.

rooster
le coq

Le coq est perché sur la clôture.

The rooster is standing on the fence.

rope
la corde

Guillaume a attaché une corde à sa charrette.

William tied a rope to his wagon.

rose
la rose

Les roses sentent si bon!

Roses smell so good!

round
rond, ronde

La balle est ronde.

The ball is round.

rowboat
le bateau à rames

Le pêcheur est assis dans un bateau à rames sur le lac.

The fisherman is sitting in a rowboat on the lake.

rub
frotter

Thomas se frotte la figure avec une serviette.

Thomas rubs his face with a towel.

rug
le tapis

Le chat dort sur le tapis.

The cat is napping on the rug.

ruler
la règle

Thomas dessine la ligne avec une règle.

Thomas draws the line with a ruler.

run*
courir

Hélène court plus vite que Suzanne.

Helen runs faster than Susan.

runner
le coureur

Les coureurs vont très vite.

The runners are going very fast.

SsSsSsSs

sack
le sac

Etienne met son déjeuner dans un sac.

Steven carries his lunch in a sack.

sad
triste

Ce petit garçon est triste.

The little boy is sad.

saddle
la selle

Hélène s'est assise sur sa selle de cheval.

Helen sat in the saddle on the horse.

safe
sauf, sauve

On est sauf quand la ceinture est attachée.

We are safe when our seatbelt is fastened.

safe
le coffre-fort

L'oncle Edouard garde son argent dans un coffre-fort.

Uncle Edward keeps his money in a safe.

sail
faire la voile

Nous faisons de la voile sur le lac.

We sail on the lake.

sailboat
le bateau à voiles

Un bateau à voiles est amarré au quai.

A sailboat is tied to the dock.

sailor
le marin

Les marins portent des uniformes propres.

Sailors wear clean uniforms.

salad
la salade

Etienne a mangé une salade avec son dîner.

Steven ate a salad with his dinner.

salt
le sel

Guillaume a ajouté du sel au popcorn.

William added salt to the popcorn.

sand
le sable

Nous avons construit un château de sable.

We built a castle from sand.

59

sandals
**les sandales
(f.)**

Suzanne
porte des
sandales en été.
Susan wears
sandals in
the summer.

sandbox
le tas de sable

Guillaume
joue dans le tas de sable.
William is playing in the sandbox.

sandwich
le sandwich

Le sandwich
de Robert
a du jambon
et du fromage.
Robert's sandwich
has ham and cheese in it.

Santa Claus
le Père Noël

Est-ce que
le Père Noël a un
cadeau pour toi?
Does Santa Claus
have a present for you?

saucer
la soucoupe

On a renversé
du thé dans
la soucoupe.
Some tea spilled into the saucer.

sausage
la saucisse
Marie a
mangé de la
saucisse et
des œufs pour
le petit déjeuner.
Mary ate sausage
and eggs for breakfast.

saw
scier

Papa a scié
des bûches pour le feu.
Dad sawed logs for the fire.

saxophone
le saxophone

Marie
apprend à jouer
du saxophone.
Mary is learning
to play the saxophone.

scale
l'écaille (f.)

Mon poisson
est couvert
d'écailles d'or.
My pet fish is
covered with gold scales.

scale
la balance

Le gros
homme était
sur la balance.
The heavy man
stood on the scale.

scarecrow
l'épouvantail (m.)

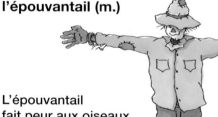

L'épouvantail
fait peur aux oiseaux.
The scarecrow keeps the birds away.

scarf*
l'écharpe (f.)

Marie portait
une écharpe rose
autour du cou.
Mary wore a pink
scarf around her neck.

school
l'école (f.)

L'école est un
bâtiment en briques rouges.
The school is a red-brick building.

school bus
le car de ramassage

Le car de ramassage
est grand et jaune.
The school bus is big and yellow.

scientist
le chercheur

Le chercheur
se sert de son
microscope.
The scientist is
using his microscope.

scissors
les ciseaux (m.)

Suzanne
a découpé des
poupées en
papier avec
des ciseaux.
Susan cut paper
dolls with the scissors.

screw
la vis
Les vis servent à
tenir deux choses ensemble.
Screws hold things
together.

screwdriver
le tournevis
Papa se sert
du tournevis.
Dad is using the screwdriver.

sea
la mer

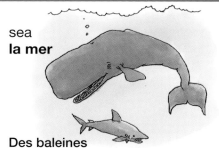

Des baleines
et des requins nagent dans la mer.
Whales and sharks swim in the sea.

seal
le phoque

Le phoque
peut attraper
le basketball
sur son nez.
The seal can
catch a basketball on its nose.

seashell
le coquillage

Thomas
a trouvé des
coquillages
sur la plage.
Thomas found
some seashells at the beach.

seat
la place

Thomas
a pris une place près de la porte.
Thomas sat in a seat near the door.

seat belt
la ceinture de sécurité

Dans l'avion
il faut attacher
la ceinture de sécurité.
Wear your seat belt in the airplane.

seaweed
l'algue (f.)

On
trouve
des algues
dans l'océan.
Seaweed grows in the ocean.

secretary
le secrétaire
la secrétaire

La secrétaire
a un ordinateur sur son bureau.
The secretary
has a computer at her desk.

see*
voir

Je peux voir le train qui vient.
I can see the train coming.

seed
la graine

L'oiseau
mange des graines.
The bird is eating seeds.

seesaw
la bascule

La bascule
monte et descend.
The seesaw goes up and down.

sell*
vendre

Etienne
vend des glaces dans le parc.
Steven sells ice cream in the park.

sew*
coudre

Est-ce que
tu peux coudre ce bouton?
Will you sew this button on?

sewing machine
la machine
à coudre

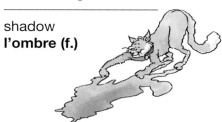

Maman fait
des habits avec
la machine à coudre.
Mom makes clothes
on the sewing machine.

shadow
l'ombre (f.)

Le chat joue avec son ombre.
The cat is playing with its shadow.

shark
le requin

Le requin a une nageoire dorsale.
A shark has a fin on its back.

sharp
tranchant,
tranchante

Etienne a coupé la ficelle
avec un couteau tranchant.
Steven cut the string
with a sharp knife.

sheep*
le mouton

Le mouton
s'est enfui devant le chien.
The sheep ran away from the dog.

sheet
le drap

Il y a des
draps propres sur le lit d'Hélène.
Helen's bed has clean sheets on it.

shelf*
le rayon

Les céréales sont sur le rayon du bas.

The cereal is on the bottom shelf.

ship
le navire

Ce navire fait des croisières.

This ship makes cruises.

shipwreck
l'épave (f.)

Il y a une vieille épave sur la plage.

There is an old shipwreck on the beach.

shirt
la chemise

Marie porte la chemise de son équipe de baseball.

Mary wears her team's baseball shirt.

shoe
la chaussure

A qui sont ces chaussures rouges?

Whose red shoes are these?

shoelace
le lacet de chaussure

Les chaussures de Thomas ont des lacets noirs.

Thomas's shoes have black shoelaces.

shop
le magasin

Guillaume est dans un magasin de jouets.

William is in a toy shop.

shop
faire des achats

Il fait des achats pour trouver un cadeau.

He is shopping for a gift.

shore
le rivage

Nous nous sommes assis sur le rivage et nous avons regardé les bateaux.

We sat on the shore and watched the boats.

short
petit, petite

Etienne est petit, mais Suzanne est grande.

Steven is short, but Susan is tall.

shorts
le short

Hélène porte un short pour jouer au baseball.

Helen wears shorts to play ball.

shoulder
l'épaule (f.)

Le perroquet s'est assis sur l'épaule de Suzanne.

The parrot sat on Susan's shoulder.

shovel
la pelle

Le fermier creuse avec une pelle.

The farmer is digging with a shovel.

show*
montrer

Etienne nous montre sa montre.

Steven is showing us his watch.

show*
se montrer

Le soleil se montre un peu.

The sun is showing a little bit.

shower
la douche

Thomas prend une douche.

Thomas is in the shower.

sick
malade

Guillaume est très malade.

William is very sick.

side
le côté

Thomas a mal au côté.

Thomas has a pain in the side.

sidewalk
le trottoir

La fillette saute à la corde sur le trottoir.

The little girl is jumping rope on the sidewalk.

sign
le panneau

Il y a un panneau devant cette maison.

There is a sign in the yard of this house.

signature
la signature

Marie a mis sa signature sur le papier.

Mary wrote her signature on the paper.

silly
ridicule

Nous rions quand Grand-père porte un chapeau ridicule.

We laugh when Grandpa wears a silly hat.

silver
l'argent (m.)

Guillaume a une bague en argent.

William has a silver ring.

sing*
chanter

Marie chante pour sa classe.

Mary is singing for her class.

singer
le chanteur
la chanteuse

Son rêve est de devenir chanteuse.

Her dream is to be a singer.

sink
l'évier (m.)

Hélène a lavé la vaisselle dans l'évier.

Helen washed the dishes in the sink.

sister
la sœur

Je tiens ma petite sœur sur mes genoux.

I hold my little sister on my lap.

sit*
s'asseoir

Jimmy est assis bien droit sur la chaise.

Jimmy sits up straight in the chair.

size
la taille

Est-ce que cette chemise est à taille?

Is this shirt the right size?

skate
le patin

Thomas a de nouveaux patins.

Thomas has some new skates.

skate
patiner

Il patine sur l'étang.

He is skating on the pond.

skateboard
la planche à roulettes

Guillaume fait de la planche à roulettes.

William is riding his skateboard.

ski
le ski

Maman met nos skis sur le toit de la voiture.

Mom put our skis on the car top.

ski
faire du ski

Nous allons tous faire du ski.

We are all going skiing.

skirt
la jupe

C'est une jupe à fleurs.

My skirt has flowers on it.

skunk
la mouffette

La mouffette a une odeur affreuse.

The skunk has a terrible smell.

sky
le ciel

Le ciel est couvert de nuages blancs.

The sky is full of white clouds.

skyscraper
le gratte-ciel

Un gratte-ciel est un bâtiment très haut.

A skyscraper is a very tall building.

sled
le traîneau

Marie descend la colline sur son traîneau.

Mary is riding her sled down the hill.

sleep*
dormir

Silence ... le bébé dort.

Shhh, the baby is sleeping.

sleeve
la manche

J'ai un trou dans ma manche.

I have a hole in my sleeve.

slide*
glisser

Les enfants glissent sur la glace.

The children are sliding on the ice.

slow
lent, lente

Les tortues sont lentes et les lapins sont rapides.

Turtles are slow, and rabbits are fast.

small
petit, petite

Hélène a un petit chien chez elle.

Helen has a small puppy at her house.

smell
l'odeur (f.)

Quelle est cette bonne odeur?

What is that good smell?

smell
sentir

Tu sens le pain qui cuit au four.

You smell the bread baking.

smile
sourire

Marie m'a souri.

Mary smiled at me.

smile
le sourire

Elle a un beau sourire.

She has a pretty smile.

smoke
la fumée

Il n'y a pas de fumée sans feu.

Where there is smoke, there is fire.

snack
le goûter

Thomas a pris un goûter après l'école.

Thomas ate a snack after school.

snail
l'escargot (m.)

L'escargot est très lent.

The snail is very slow.

snake
le serpent

Les serpents sont des reptiles propres et secs.

Snakes are clean, dry reptiles.

sneeze
éternuer

Les fleurs font éternuer Marie.

Flowers make Mary sneeze.

snow
la neige

Guillaume enlève la neige du trottoir.

William is cleaning the snow off the sidewalk.

snowball
la boule de neige

Hélène a lancé une boule de neige à son frère.

Helen threw a snowball at her brother.

snowflake
le flocon de neige

Beaucoup de flocons de neige tombent pendant une tempête de neige.

Many snowflakes fall in a snowstorm.

snowman*
le bonhomme de neige

Les enfants ont fait un bonhomme de neige dans la cour.

The children built a snowman in the yard.

---

snowstorm
la tempête de neige

Il y a eu une tempête de neige hier soir.

There was a snowstorm last night.

---

soap
le savon

Marie se frotte les mains avec du savon.

Mary rubs the soap on her hands.

---

socks
les chaussettes (f.)

Marie porte des chaussettes jaunes.

Mary is wearing yellow socks.

---

sofa
le canapé

Nous nous sommes assis sur le canapé près de la cheminée.

We sat on the sofa near the fireplace.

---

soft
doux, douce

Le poil d'un chat est doux.

A cat's fur is soft.

---

soft drink
la boisson

Robert a mis de la glace dans sa boisson.

Robert put ice in his soft drink.

---

some
quelques

Quelques fleurs sont ouvertes.

Some blossoms are open.

---

somersault
la culbute

Hélène peut faire une culbute.

Helen can do a somersault.

---

son
le fils

Cette femme a un fils.

That woman has a son.

---

soon
bientôt

Je dois me coucher bientôt.

I must go to bed soon.

---

soup
la soupe

Etienne a mangé de la soupe à la tomate avec des biscuits salés.

Steven ate tomato soup and crackers.

---

space
la place

Il y a encore de la place pour des livres.

There is space for more books.

---

spaceship
la navette spatiale

Cette navette spatiale est sur la lune.

This spaceship is on the moon.

---

sparrow
le moineau

Il y a deux moineaux dans l'arbre.

There are two sparrows in the tree.

---

speak*
parler

Robert parle à Hélène.

Robert is speaking to Helen.

---

spider
l'araignée (f.)

Il y avait une grande araignée noire sur le mur.

There was a large, black spider on the wall.

spiderweb
la toile d'araignée

Il y a
une toile
d'araignée
dans le coin.

There is a spiderweb in the corner.

spill
renverser

Qui a renversé le lait?

Who spilled the milk?

spin*
tourner

La toupie tourne très vite.

The top is spinning very fast.

spinach
les épinards (m.)

Hélène a
planté des épinards dans le jardin.

Helen planted spinach in the garden.

spoke
le rayon

Quelques rayons sont cassés.

Some spokes are broken.

sponge
l'éponge (f.)

Thomas a essuyé
la table avec
une éponge.

Thomas wiped the
table with a sponge.

---

spoon
la cuillère

Grand-père
tourne son
café avec
une cuillère.

Grandfather stirs
his coffee with a spoon.

sports
les sports

Robert aime
les sports.

Robert loves sports.

spot
la tache

Mon chien est
blanc avec des taches noires.

My dog is white with black spots.

spotlight
le projecteur

Le projecteur
est braqué sur le chanteur.

The singer stands in the spotlight.

spread*
tartiner

Marie a tartiné
le pain de beurre.

Mary spread butter on the bread.

---

spring
le printemps

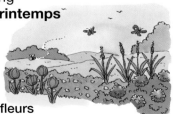

Les fleurs
arrivent au printemps.

Flowers come out in the spring.

---

sprinkler
l'arroseur automatique (m.)

Un arroseur
automatique arrose le gazon.

A sprinkler waters the yard.

square
le carré

Combien de carrés y a-t-il?

How many squares are there?

squeeze
serrer

Robert
a serré
la bouteille
de ketchup.

Robert squeezed the ketchup bottle.

squirrel
l'écureuil (m.)

Un écureuil
a grimpé
sur l'arbre.

A squirrel
ran up the tree.

stable
l'écurie (f.)

Les chevaux
dorment dans l'écurie.

The horses sleep in the stable.

stage
la scène

Les musiciens sont sur la scène.

The musicians are on stage.

stairs
l'escalier (m.)

Hélène
a pris
l'escalier
pour aller
à sa chambre.

Helen walked up
the stairs to her bedroom.

stamp
frapper du pied

Marie était
fâchée et
frappait
du pied.

Mary was angry
and stamped her foot.

stamp
le timbre

On met le timbre sur l'enveloppe.

The stamp goes on the envelope.

stand*
se tenir droit

Tiens-toi
droit,
s'il te plaît!

Please stand
up straight!

stapler
l'agrafeuse
(f.)

L'agrafeuse est vide.

The stapler is empty.

staples
les agrafes
(f.)

Marie met
des agrafes dans l'agrafeuse.

Mary is putting staples in the stapler.

---

star
l'étoile
(f.)

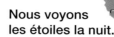

Nous voyons
les étoiles la nuit.

We see the stars at night.

starfish*
l'étoile de mer
(f.)

Hélène a trouvé
une étoile de mer sur la plage.

Helen found a starfish on the beach.

statue
la statue

La statue
n'a pas
de tête.

The statue
has no head.

steak
le steak

Mon père
prépare le
steak avec des
champignons.

My dad cooks
steak with mushrooms.

steer
diriger

Marie a
dirigé son
vélo autour
du trou.

Mary steered
the bicycle around the hole.

stem
la tige

Les fleurs
ont de
longues
tiges.

The flowers
have very
long stems.

---

step
la marche

Jimmy
a monté
deux marches.

Jimmy went up two steps.

stereo
la chaîne stéréo

Guillaume
écoute la chaîne stéréo.

William listens to the stereo.

stethoscope
le stéthoscope

Le médecin
écoute mon
cœur avec
un stéthoscope.

The doctor listens to
my heart with a stethoscope.

stick
le bâton

Hélène
a lancé
un bâton
à son chien.

Helen threw a stick
for her dog to catch.

stilts
les échasses
(f.)

L'homme
qui est
monté sur
les échasses
est aussi haut
que le toit.

The man on stilts
is as tall as the roof.

stir
remuer

Tante Alice
remue la sauce.

Aunt Alice is stirring the gravy.

67

stirrup
l'étrier (m.)

Mets tes pieds dans les étriers.

Slide your feet into the stirrups.

---

stone
la pierre

Le mur était fait de pierres.

The wall was made of stones.

---

stop
arrêter

Nous avons arrêté la voiture au feu rouge.

We stopped the car for the red light.

---

stop sign
le stop

Il y a un stop au coin de la rue.

There is a stop sign at the corner.

---

storm
l'orage (m.)

La pluie, les éclairs, et le vent sont venus avec l'orage.

Rain, lightning, and wind came with the storm.

---

stove
la cuisinière

Ma mère fait cuire une sauce sur la cuisinière.

My mom is cooking a sauce on the stove.

---

straight
raide

Les cheveux de Marie sont raides.

Mary's hair is straight.

---

straw
la paille

Etienne boit du lait avec une paille.

Steven drinks milk with a straw.

---

strawberry
la fraise

Nous avons mangé des fraises avec notre glace.

We ate strawberries with our ice cream.

---

stream
le cours d'eau

Hélène et Suzanne ont sauté au-dessus du cours d'eau.

Helen and Susan jumped over the stream.

---

street
la rue

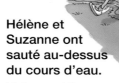

Cette rue est pour les voitures, pas pour les camions.

This street is for cars, not trucks.

---

string
la ficelle

Robert a attaché le paquet avec une ficelle.

Robert tied the package with string.

---

stripe
la rayure

Ce drapeau a des rayures rouges et blanches.

That flag has red and white stripes on it.

---

stroller
la poussette

Le bébé est dans une poussette.

The baby is in the stroller.

---

strong
fort, forte

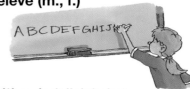

Les éléphants sont très forts.

Elephants are very strong.

---

student
l'élève (m., f.)

L'élève écrit l'alphabet.

The student is writing the alphabet.

---

submarine
le sous-marin

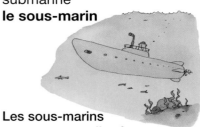

Les sous-marins voyagent sous l'océan.

Submarines run under the ocean.

---

suds
l'eau de savon (f.)

De l'eau de savon a été renversée par terre.

Water and suds spilled on the floor.

sugar
le sucre

Suzanne
met du sucre
sur les céréales.

Susan puts sugar on her cereal.

---

suit
le costume

Mon costume
comprend un
pantalon et
un veston.

My suit has pants and a jacket.

---

suitcase
la valise

Il y a de la
place dans la
valise pour
plus de
chemises.

There is space in the
suitcase for more shirts.

---

summer
l'été
(m.)

Il fait chaud en été.

The weather is hot in the summer.

---

sun
le soleil

Le soleil éclaire la Terre.

The sun lights up the Earth.

---

sunrise
le lever du soleil

Les
oiseaux chantent
au lever du soleil.

The birds sing at sunrise.

---

sunset
le coucher du soleil

Les couchers de soleil
en hiver peuvent être beaux.

Winter sunsets can be beautiful.

---

supermarket
le supermarché

Maman achète
notre nourriture
au supermarché.

Mom buys our food
at the supermarket.

---

surround
entourer

Des buissons entourent la cour.

Bushes surround the yard.

---

swan
le cygne

Les cygnes
vivent sur l'étang du parc.

Swans live in the pond at the park.

---

sweater
le pull

Ma grand-mère
m'a donné un
nouveau pull.

My grandmother
gave me a new sweater.

---

sweatpants
le survêtement

Thomas
a reçu un
survêtement
pour son
anniversaire.

Thomas received
sweatpants for his birthday.

---

sweatshirt
le sweatshirt

Marie a enfilé
son sweatshirt.

Mary pulled on
her sweatshirt.

---

sweep*
balayer

Guillaume
balaie par terre.

William is sweeping the floor.

---

swim*
nager

Hélène nage
aussi vite qu'un poisson!

Helen swims as fast as a fish!

---

swing
la balançoire

Robert a une
balançoire
dans
l'arbre.

Robert has a swing
in his tree.

---

swing
se balancer

Etienne se
balance sur
la balançoire.

Steven is swinging on it.

Tt *Tt* Tt *Tt*

table
la table

Nous prenons le petit déjeuner à la table de cuisine.

We eat breakfast at the kitchen table.

tablecloth
la nappe

Marie a mis une nappe sur la table.

Mary spread a tablecloth on the table.

tadpole
le têtard

Ce têtard deviendra une grenouille!

This tadpole will grow into a frog!

tail
la queue

Le lion a une très longue queue.

The lion has a very long tail.

take*
prendre

Hélène a pris deux morceaux.

Helen took two pieces.

talk
parler

Thomas parle au téléphone.

Thomas is talking on the telephone.

tall
grand, grande

Un de ces trois arbres est très grand.

One of these three trees is very tall.

target
la cible

Hélène a mis la flèche dans la cible.

Helen hit the target with her arrow.

taxi
le taxi

Robert est allé à l'aéroport en taxi.

Robert rode to the airport in a taxi.

tea
le thé

Ma mère prend son thé avec du citron.

My mom drinks her tea with lemon.

teach*
apprendre à

Suzanne apprend à Marie à jouer au tennis.

Susan is teaching Mary to play tennis.

teacher
le professeur

Suzanne est un bon professeur.

Susan is a good teacher.

team
l'équipe (f.)

Mon équipe a des filles et garçons.

There are girls and boys on my team.

teeth*
les dents (f.)

Je vois tes dents quand tu souris.

I see your teeth when you smile.

telephone
le téléphone

Marie a un téléphone près de son lit.

Mary has a telephone near her bed.

television
la télé

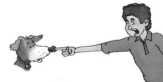

Grand-papa a une télé dans son atelier.

Grandpa has a television in his workshop.

tell*
dire

Guillaume a dit à son chien de rentrer à la maison.

William told his dog to go home.

teller
**le caissier
la caissière**

La caissière a donné l'argent à Thomas.

The teller gave Thomas the money.

tennis
le tennis

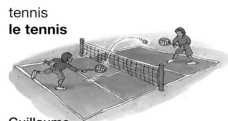

Guillaume
et Etienne jouent au tennis.
William and Steven are playing tennis.

tennis racket
la raquette de tennis

Guillaume
tient sa
raquette
de tennis.
William is holding his tennis racket.

tent
la tente

Les filles ont
dormi dans une grande tente.
The girls slept in a large tent.

tentacle
le tentacule

Les
bras
de la
pieuvre
s'appellent
les tentacules.
Octopus arms are called tentacles.

terrible
affreux, affreuse

Quel
est cet
affreux bruit?
What is that terrible noise?

than
que

Suzanne est
plus grande
que Jimmy.
Susan is bigger
than Jimmy.

---

thank you
merci

Merci d'avoir dit "s'il te plaît."
Thank you for saying "please."

there
là

Mets-le là,
s'il te plaît.
Please put it there.

thermometer
le thermomètre

Le thermomètre
nous indique
la température.
The thermometer
shows how hot it is.

thin
maigre

Hélène est
trop maigre
pour porter
ma ceinture.
Helen is too thin
to wear my belt.

thing
la chose

Quelle est
cette chose?
What is this thing?

think*
penser

Etienne
pense à son anniversaire.
Steven is thinking of his birthday.

---

thread
le fil
On fait
passer le fil
dans le chas
de l'aiguille.
The thread goes
through the eye of the needle.

throne
le trône

Le roi et la
reine sont
assis sur leur trône.
The king and queen sit on their thrones.

through
par

Guillaume
est entré
par la porte.
William walked
through the door.

throw*
lancer

Lancez-moi le ballon!
Throw the ball to me!

thumb
le pouce

Papa s'est
tapé sur le pouce avec le marteau.
Dad hit his thumb with the hammer.

ticket
le billet

Thomas
a un billet
pour voir le film.
Thomas has a ticket
to see the movie.

tie
attacher

Le fermier a
attaché le taureau à la clôture.
The farmer tied the bull to the fence.

---

tie
la cravate

Cette cravate
est pour
l'anniversaire
de papa.
This tie is for Dad's birthday.

---

tiger
le tigre

Les tigres cherchent de
la nourriture dans la jungle.
Tigers hunt for food in the jungle.

---

tightrope
le fil

Il y a un filet sous le fil.
There is a net under the tightrope.

---

time
le temps

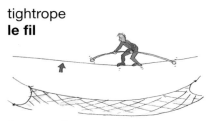

Tu as
besoin de combien de temps?
How much time do you need?

---

tire
le pneu

Les pneus de
ce tracteur sont
aussi grands
que mon père.
The tires on this
tractor are as tall as my dad.

---

to
à

C'est l'heure
de se mettre au lit.
It is time to go to bed.

---

toad
le crapaud

Ce crapaud
ne te fera pas mal.
This toad cannot hurt you.

---

toast
le pain grillé

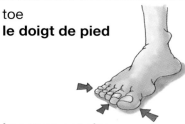

Marie a mis de
la confiture
de raisins
sur son pain grillé.
Mary spread grape jam on her toast.

---

toaster
le grille-pain

Notre grille-pain
a quatre trous pour le pain.
Our toaster has four holes for bread.

---

toe
le doigt de pied

Les gens ont cinq
doigts de pied à chaque pied.
People have five toes on each foot.

---

together
ensemble

Suzanne
et Thomas
sont
toujours
ensemble.
Susan and
Thomas are
always together.

---

toilet
**la cuvette
des
toilettes**

La cuvette
des toilettes
se trouve près du lavabo.
The toilet is near the sink.

---

tomato
la tomate

Guillaume
a découpé
une tomate
pour la salade.
William cut up
a tomato for the salad.

---

tongue
la langue

La langue
de Guillaume
est violette.
William's tongue is purple.

---

toolbox
la boîte à outils

Le charpentier
a une boîte
à outils dans
son camion.
The carpenter carries
a toolbox in his truck.

---

tooth*
la dent

Le bébé a sa
première dent.
The baby has his first tooth.

---

toothbrush
la brosse à dents

Le dentiste
m'a donné
une nouvelle
brosse à dents.
The dentist gave
me a new toothbrush.

toothpaste
le dentifrice

Jimmy mangeait du dentifrice.
Jimmy was eating the toothpaste.

top
le dessus

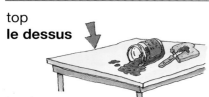

**Le dessus
de cette table est sale.**
The top of this table is messy.

top
la toupie

**Cette toupie
tourne très vite.**
This top is spinning very fast.

top hat
le chapeau haut de forme

**Le danseur
porte un
chapeau
haut de forme.**
The dancer is
wearing a top hat.

tornado
la tornade

**La tornade
a traversé la ville.**
The tornado swept through the town.

towel
le torchon

**Thomas a
essuyé la
vaisselle
avec un
vieux torchon.**
Thomas dried
the dishes with an old towel.

tower
la tour

**Il y avait
une tour à
chaque coin
du château.**
The castle had
a tower at each corner.

town
la ville

Notre ville est très belle.
Our town is very pretty.

toy
le jouet

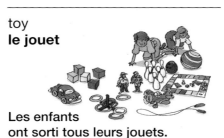

**Les enfants
ont sorti tous leurs jouets.**
The children got out all their toys.

toy store
le magasin de jouets

**Marie
a acheté
une poupée
au magasin
de jouets.**
Mary bought a doll at the toy store.

tractor
le tracteur

**Le fermier a
conduit son
tracteur dans
le champ.**
The farmer drove
the tractor around the field.

traffic jam
l'embouteillage (m.)

Il y a un embouteillage.
There is a traffic jam.

traffic light
le feu

**Arrête-toi
quand le
feu est rouge.**
Stop when the traffic light is red.

train
le train

Le train n'est pas parti à l'heure.
The train did not leave on time.

train station
la gare

**Les
voyageurs
ont attendu
à la gare.**
The passengers
waited at the train station.

trampoline
le tremplin

**Les enfants
sautent sur
le tremplin.**
The children
jump up and
down on the trampoline.

trapeze
le trapèze

**Suzanne est
suspendue
au trapèze par
les genoux.**
Susan hangs
by her knees on the trapeze.

tray
le plateau

**Le garçon
a apporté
notre repas
sur un plateau.**
The waiter carried
our food on a tray.

treasure
le trésor

Etienne
cherche
un trésor
sur la plage.

Steven is digging
for treasure on the beach.

---

tree
l'arbre (m.)

Il y a un
arbre près
de l'église.

There is a tree
by the church.

---

tricycle
le tricycle

A qui
appartient
le tricycle qui se
trouve dans l'allée?

Whose tricycle is in the driveway?

---

trombone
le trombone

Robert
m'apprend
à jouer
du trombone.

Robert is teaching
me to play the trombone.

---

trophy
le trophée

Suzanne
a gagné
un trophée
comme premier prix.

Susan won a trophy for being first.

---

trousers
le pantalon

Papa porte
son nouveau
pantalon.

Dad is wearing his new trousers.

---

truck
le camion

Le camion
est plein de cartons.

The truck is full of boxes.

---

trumpet
la trompette

Le professeur
de musique
a donné une
trompette à Suzanne.

The music teacher
gave Susan a trumpet.

---

trunk
la trompe

Le nez de l'éléphant
s'appelle une trompe.

The elephant's nose is called a trunk.

---

trunk
le coffre

Les valises
sont dans
le coffre.

The suitcases
are in the trunk of the car.

---

trunk
la malle

La malle
dans le grenier
contient de
vieux vêtements.

The trunk in the
attic contains old clothing.

---

trunks
le short

Le short
de Robert est rouge.

Robert's trunks are red.

---

tuba
le tuba

Thomas
s'assied sur
une chaise
pour jouer
du tuba.

Thomas sits on a
chair to play his tuba.

---

tugboat
le remorqueur

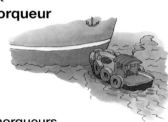

Les remorqueurs
poussent les grands bateaux.

Tugboats push large boats.

---

tuna
le thon

Le thon
est un très grand poisson.

The tuna is a very large fish.

---

turkey
le dindon

Le dindon
est un très grand oiseau.

The turkey is a very large bird.

---

turtle
la tortue

Les tortues
nagent dans l'étang.

Turtles swim in the pond.

---

tusk
la défense

Un éléphant
a deux défenses.

An elephant has two tusks.

74

tuxedo
le smoking

Mon oncle porte un smoking au bal.
My uncle is wearing a tuxedo to the dance.

type
taper à la machine

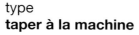

Marie apprend à taper à la machine.
Mary is learning to type.

typewriter
la machine à écrire

La secrétaire tape des lettres à la machine à écrire.
The secretary writes letters on her typewriter.

UuUuUuUu

umbrella
le parapluie

Etienne tenait le parapluie au-dessus de nous.
Steven held the umbrella over us.

umpire
l'arbitre (m.)

L'arbitre regarde attentivement.
The umpire watches carefully.

uncle
l'oncle (m.)
L'oncle d'Hélène est le frère de sa mère.
Helen's uncle is her mother's brother.

under
sous

Jimmy est sous la table.
Jimmy is under the table.

underwear
les sous-vêtements (m.)
La mère d'Etienne lui a acheté de nouveaux sous-vêtements.
Steven's mom bought him new underwear.

unicorn
la licorne

La licorne avait une corne sur le front.
The unicorn had a horn on its head.

uniform
l'uniforme (m.)

Les agents de police portent un uniforme.
Policemen and policewomen wear uniforms.

up
en haut
Guillaume a les yeux tournés en haut vers le ciel.
William's eyes are turned up toward the sky.

use
se servir de
Suzanne se sert d'un crayon.
Susan is using her pencil.

use
l'usage (m.)
Elle en fait bon usage.
She is putting it to a good use.

VvVvVvVv

vacuum cleaner
l'aspirateur (m.)

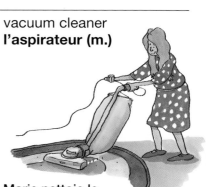

Marie nettoie le tapis avec l'aspirateur.
Mary cleans the rug with the vacuum cleaner.

valley
la vallée

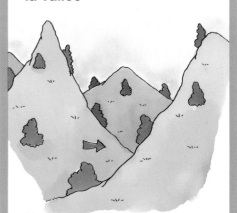

Une vallée est située entre deux montagnes.
A valley lies between two mountains.

van
la camionnette

L'équipe
va au match en camionnette.
The team rides to the game in a van.

---

vase
le vase
Il y a un
vase de fleurs
sur la table.
There is a vase
of flowers on the table.

---

vegetable
le légume

Les petis pois,
les épinards, et
la laitue sont
des légumes verts.
Peas, spinach,
and lettuce are green vegetables.

vegetable garden
le jardin potager

Grand-mère
plante un
jardin potager.
Grandmother
is planting a vegetable garden.

---

very
très

Guillaume est très fatigué.
William is very tired.

---

veterinarian
le vétérinaire

Le vétérinaire
soigne les animaux malades.
The veterinarian helps sick animals.

village
le village

Suzanne habite
dans un petit
village près de la ville.
Susan lives in a
small village near the city.

---

violin
le violon

Hélène tient
le violon sous
son menton.
Helen holds the violin under her chin.

---

volleyball
le volleyball

Nous avons
joué au volleyball sur la plage.
We played volleyball on the beach.

WwWwWwWw

wade
marcher dans l'eau
Thomas ne
nage pas.
Il marche dans l'eau.
Thomas isn't swimming.
He's wading.

---

wagon
le petit chariot

Hélène tire un petit chariot.
Helen is pulling a wagon.

waist
la taille

Etienne a
une ceinture
à la taille.
Steven has a belt
around his waist.

---

wait
attendre

Marie attend l'autobus.
Mary is waiting for the bus.

---

waiter
le garçon

Le garçon
m'a donné un menu.
The waiter gave me a menu.

waiting room
la salle d'attente

La salle d'attente est pleine.
The waiting room is full.

---

waitress
la serveuse

La serveuse
a rempli mon
verre d'eau.
The waitress filled
my glass with water.

---

walk
marcher

Maman
marche et les enfants courent.
Mother walks and the children run.

wall
le mur

Il y a un tableau au mur.

There is a picture hanging on the wall.

wallet
le portefeuille

Papa a pris
de l'argent
de son
portefeuille.

Dad pulled some
money out of his wallet.

walrus
le morse

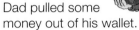

Un morse
peut nager dans l'eau froide.

A walrus can swim in cold water.

want
vouloir

Veux-tu lire ceci?

Do you want to read this?

warm
chaud

Il fait chaud près du feu.

It is warm by the fire.

wash
laver

Suzanne
s'est lavé
la figure et
elle s'est
couchée.

Susan washed her
face and went to bed.

washing machine
la machine à laver

Le jean de
Marie est dans
la machine à laver.

Mary's jeans are in
the washing machine.

wasp
la guêpe

Les guêpes
ont construit
un nid sous
notre porche.

Wasps built a nest under our porch.

wastebasket
la corbeille

Grand-maman
a jeté les
chiffons dans
la corbeille.

Grandma threw
the rags in the wastebasket.

watch
regarder

Je regarde le
match de football
américain à la télé.

I watch the football
game on television.

watch
la montre

Robert a donné
une montre à
maman pour
son anniversaire.

Robert gave Mom a
watch for her birthday.

water
l'eau (f.)
Les fleurs ont besoin
d'eau pour pousser.

Flowers need water
to grow.

water
arroser
Hélène arrose les fleurs.

Helen is watering the flowers.

waterfall
la cascade

Il y a une
cascade
sur le flanc
de la montagne.

There is a waterfall
on the side of the mountain.

watermelon
la pastèque

Tante Alice
a découpé la pastèque.

Aunt Alice cut up the watermelon.

wave
faire signe

Marie a fait
signe à son père.

Mary waved to her father.

wave
**la
vague**

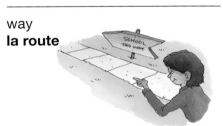

Le vent crée
des vagues
dans l'océan.

The wind blows the ocean into waves.

way
la route

C'est la route de l'école.

This is the way to school.

wear*
porter

Les gens
portent des
vêtements, mais
les animaux
n'en ont pas.

People wear clothing,
but animals do not.

weather
le temps

Le temps change souvent.

The weather changes often.

wedding
le mariage

Hélène a participé à la cérémonie de mariage de sa sœur.

Helen was in her sister's wedding.

weed
enlever les mauvaises herbes

Je dois enlever les mauvaises herbes!

I have to weed the garden!

weed
la mauvaise herbe

Il y a beaucoup de mauvaises herbes dans mon jardin.

There are many weeds in my garden.

week
la semaine

Il y a sept jours dans une semaine.

There are seven days in a week.

welcome
souhaiter la bienvenue à

Nous avons souhaité la bienvenue à Guillaume.

We welcomed William to our house.

well
bien

Robert va bien.

Robert is well.

well
le puits

Les garçons ont bu de l'eau du puits.

The boys drank water from the well.

wet
mouillé, mouillée

Les cheveux d'Etienne sont mouillés.

Steven's hair is wet.

whale
la baleine

Les baleines sont de très grands animaux.

Whales are very large animals.

what
qu'est-ce que c'est

Et ceci, qu'est-ce que c'est?

What is this?

wheat
le blé

La farine vient du blé.

Flour is made from wheat.

wheel
la roue

Mon vélo a deux roues.

My bicycle has two wheels.

wheelchair
la chaise roulante

Tante Alice se sert d'une chaise roulante.

Aunt Alice uses a wheelchair.

when
quand

Quand est-ce que le réveil sonnera?

When will the alarm clock ring?

where
où

Où sont les chaussures de Suzanne?

Where are Susan's shoes?

whistle
le sifflet

Ils ont tous donné un coup de sifflet.

They all blew their whistles!

white
blanc, blanche

Les flocons de neige sont blancs.

Snowflakes are white.

wide
large

Le fleuve est très large.
The river is very wide.

---

wig
la perruque

**Le clown porte
une perruque
orange ridicule.**
The clown wears
a silly orange wig.

---

win*
gagner

**Hélène a
gagné un prix.**
Helen won a prize.

---

wind
le vent

**Le vent
a enlevé mon chapeau.**
The wind blew my hat off.

---

window
la fenêtre

**Les
fenêtres sont
ouvertes en été.**
The windows are
open in the summer.

---

wing
**l'aile
(f.)**

**Les oiseaux
se servent
de leurs ailes pour voler.**
Birds use their wings to fly.

---

winter
l'hiver (m.)

**Le neige
recouvre la terre en hiver.**
Snow covers the ground in winter.

---

wipe
essuyer

**Suzanne
essuie
ses lunettes.**
Susan is
wiping her glasses.

---

with
avec

**Marie a
enfoncé le clou
avec un marteau.**
Mary hit the nail with a hammer.

---

wolf*
le loup

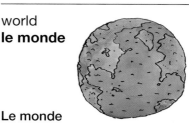

Un loup est sorti de la forêt.
A wolf ran out of the forest.

---

woman*
la femme

**Ma tante
est une
petite femme.**
My aunt is a
short woman.

---

wood
le bois

**Robert a coupé
plus de bois
pour la cheminée.**
Robert cut more
wood for the fireplace.

---

woodpecker
le pivert

**Le pivert
fait des trous
dans les arbres.**
A woodpecker
makes holes in trees.

---

word
le mot

**Marie a
lu les mots
écrits au tableau.**
Mary read the words
on the chalkboard.

---

work
travailler

**Nous
travaillons
tous à l'école.**
We all work at school.

---

workshop
**l'atelier
(m.)**

**Papa
bricole
dans son atelier.**
Dad fixes things in his workshop.

---

world
le monde

**Le monde
est rond comme une balle.**
The world is round like a ball.

---

worm
le ver

**L'oiseau
a trouvé un ver dans l'herbe.**
The bird found a worm in the grass.

wreath
la guirlande

Il y a une
guirlande
sur notre porte.
There is a
wreath on our door.

wrench
la clé

Papa a réparé
le robinet avec
une clé.
Dad fixed the
faucet with a wrench.

wrestling
la lutte

Robert fait
partie de l'équipe de lutte.
Robert is on the wrestling team.

wrinkles
le faux pli

Le pantalon
d'Etienne est
plein de faux plis.
Steven's pants
are full of wrinkles.

wrist
le poignet

Suzanne a
un pansement
au poignet.
Susan has a bandage on her wrist.

write*
écrire

Il y a des
avions qui écrivent
des mots dans le ciel.
Some airplanes write in the sky.

XxXxXxXx

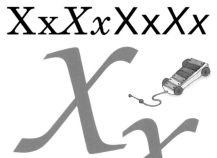

xylophone
le xylophone

Hélène joue du xylophone.
Helen plays the xylophone.

ZzZzZzZz

zebra
le zèbre

Un zèbre
a des rayures
blanches et noires.
A zebra has black and white stripes.

zipper
la fermeture éclair

La veste
d'Etienne
a une longue
fermeture éclair.
Steven's jacket has a long zipper.

zoo
le zoo

Le zoo est
mon endroit préféré.
The zoo is my favorite place.

YyYyYyYy

yard
la cour

Il y a une
clôture
autour
de la cour.
The yard has a fence around it.

yarn
le fil

Le petit chat
aime jouer avec le fil.
The kitten loves to play with yarn.

yellow
jaune

Le car de ramassage est jaune.
The school bus is yellow.

yolk
le jaune

Le jaune
est la partie jaune d'un œuf.
A yolk is the yellow part of an egg.

Appendices

Numbers
Les nombres

Days of the Week
Les jours de la semaine

Months of the Year
Les mois de l'année

Shapes
Les formes

Directions
Les directions

Time
L'heure

Irregular English Verbs,
Nouns, and Adjectives

Numbers
Les nombres

0 zero — **zéro**
¹/₂ one-half — **un demi**
1 one — **un**
2 two — **deux**
3 three — **trois**
4 four — **quatre**
5 five — **cinq**
6 six — **six**
7 seven — **sept**
8 eight — **huit**

9 nine — **neuf**
10 ten — **dix**
11 eleven — **onze**
12 twelve — **douze**
13 thirteen — **treize**
14 fourteen — **quatorze**
15 fifteen — **quinze**
16 sixteen — **seize**

17 seventeen — **dix-sept**
18 eighteen — **dix-huit**
19 nineteen — **dix-neuf**
20 twenty — **vingt**
21 twenty-one — **vingt et un**
22 twenty-two — **vingt-deux**
23 twenty-three — **vingt-trois**

24 twenty-four — **vingt-quatre**
25 twenty-five — **vingt-cinq**
26 twenty-six — **vingt-six**
27 twenty-seven — **vingt-sept**
28 twenty-eight — **vingt-huit**
29 twenty-nine — **vingt-neuf**

30 thirty — **trente**
31 thirty-one — **trente et un**
32 thirty-two — **trente-deux**
33 thirty-three — **trente-trois**
34 thirty-four — **trente-quatre**

35 thirty-five — **trente-cinq**
36 thirty-six — **trente-six**
37 thirty-seven — **trente-sept**
38 thirty-eight — **trente-huit**
39 thirty-nine — **trente-neuf**

40 forty — **quarante**
41 forty-one — **quarante et un**
42 forty-two — **quarante-deux**
43 forty-three — **quarante-trois**
44 forty-four — **quarante-quatre**

45 forty-five — **quarante-cinq**
46 forty-six — **quarante-six**
47 forty-seven — **quarante-sept**
48 forty-eight — **quarante-huit**
49 forty-nine — **quarante-neuf**

50 fifty — **cinquante**
51 fifty-one — **cinquante et un**
52 fifty-two — **cinquante-deux**
53 fifty-three — **cinquante-trois**
54 fifty-four — **cinquante-quatre**

55 fifty-five — **cinquante-cinq**
56 fifty-six — **cinquante-six**
57 fifty-seven — **cinquante-sept**
58 fifty-eight — **cinquante-huit**
59 fifty-nine — **cinquante-neuf**

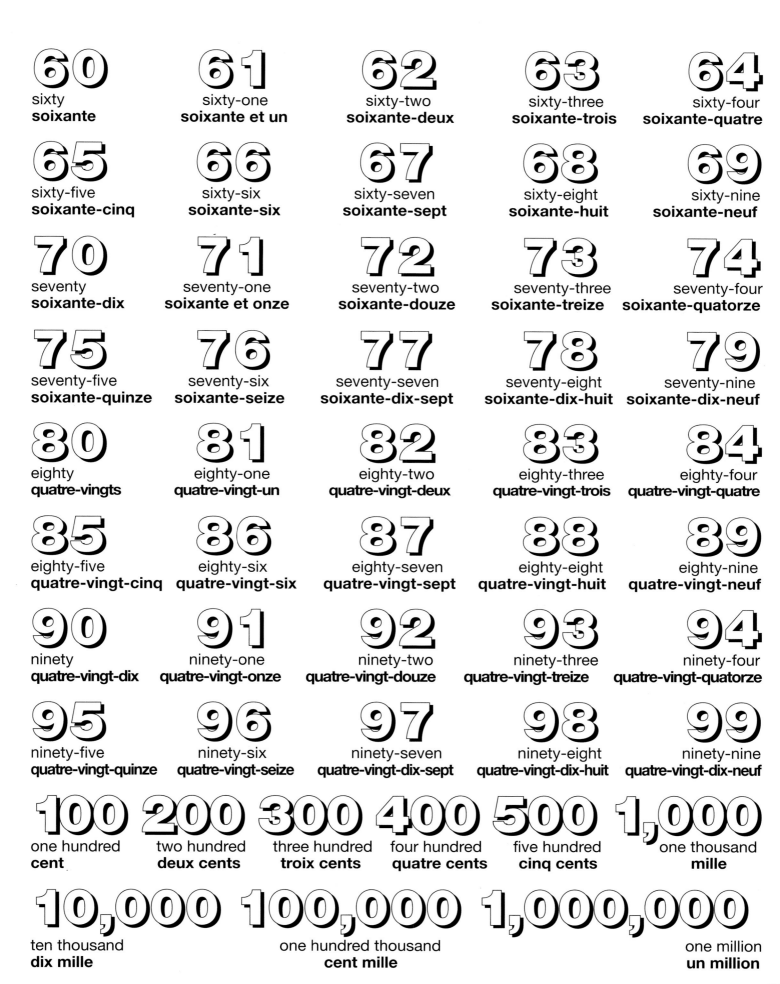

60	61	62	63	64
sixty **soixante**	sixty-one **soixante et un**	sixty-two **soixante-deux**	sixty-three **soixante-trois**	sixty-four **soixante-quatre**

65	66	67	68	69
sixty-five **soixante-cinq**	sixty-six **soixante-six**	sixty-seven **soixante-sept**	sixty-eight **soixante-huit**	sixty-nine **soixante-neuf**

70	71	72	73	74
seventy **soixante-dix**	seventy-one **soixante et onze**	seventy-two **soixante-douze**	seventy-three **soixante-treize**	seventy-four **soixante-quatorze**

75	76	77	78	79
seventy-five **soixante-quinze**	seventy-six **soixante-seize**	seventy-seven **soixante-dix-sept**	seventy-eight **soixante-dix-huit**	seventy-nine **soixante-dix-neuf**

80	81	82	83	84
eighty **quatre-vingts**	eighty-one **quatre-vingt-un**	eighty-two **quatre-vingt-deux**	eighty-three **quatre-vingt-trois**	eighty-four **quatre-vingt-quatre**

85	86	87	88	89
eighty-five **quatre-vingt-cinq**	eighty-six **quatre-vingt-six**	eighty-seven **quatre-vingt-sept**	eighty-eight **quatre-vingt-huit**	eighty-nine **quatre-vingt-neuf**

90	91	92	93	94
ninety **quatre-vingt-dix**	ninety-one **quatre-vingt-onze**	ninety-two **quatre-vingt-douze**	ninety-three **quatre-vingt-treize**	ninety-four **quatre-vingt-quatorze**

95	96	97	98	99
ninety-five **quatre-vingt-quinze**	ninety-six **quatre-vingt-seize**	ninety-seven **quatre-vingt-dix-sept**	ninety-eight **quatre-vingt-dix-huit**	ninety-nine **quatre-vingt-dix-neuf**

100	200	300	400	500	1,000
one hundred **cent**	two hundred **deux cents**	three hundred **troix cents**	four hundred **quatre cents**	five hundred **cinq cents**	one thousand **mille**

10,000	100,000	1,000,000
ten thousand **dix mille**	one hundred thousand **cent mille**	one million **un million**

Days of the Week
Les jours de la semaine

Monday
lundi

Tuesday
mardi

Wednesday
mercredi

Thursday
jeudi

Friday
vendredi

Saturday
samedi

Sunday
dimanche

Months of the Year
Les mois de l'année

January
janvier

February
février

March
mars

April
avril

May
mai

June
juin

July
juillet

August
août

September
septembre

October
octobre

November
novembre

December
décembre

Shapes
Les formes

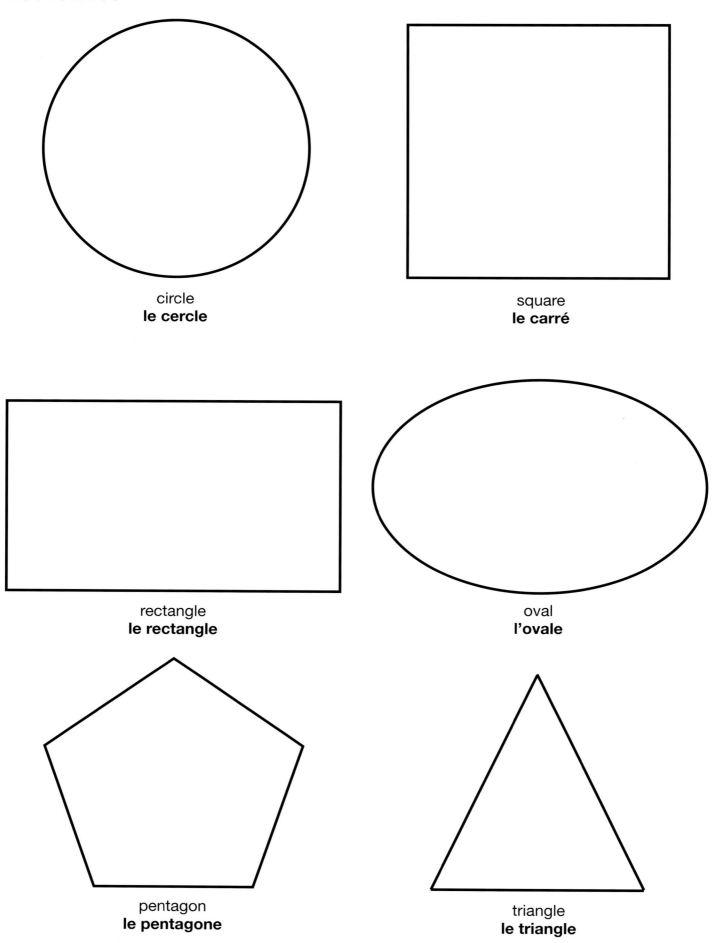

circle
le cercle

square
le carré

rectangle
le rectangle

oval
l'ovale

pentagon
le pentagone

triangle
le triangle

Directions
Les directions

North
le nord

Northwest
le nord-ouest

South
le sud

Southwest
le sud-ouest

East
l'est

Northeast
le nord-est

West
l'ouest

Southeast
le sud-est

Time
L'heure

It is half past six.
Il est six heures et demie.

It is midnight.
Il est minuit.

It is a quarter of two.
Il est deux heures moins le quart.

It is 1:00 P.M.
Il est une heure de l'après-midi.

It is noon.
Il est midi.

It is six o'clock.
Il est six heures.

It is 1:00 A.M.
Il est une heure du matin.

Irregular English Verbs

become, became, become
bite, bit, bitten
blow, blew, blown
break, broke, broken
build, built, built
burn, burned or burnt, burned
buy, bought, bought
catch, caught, caught
come, came, come
cut, cut, cut
dig, dug, dug
dive, dived or dove, dived
do, did, done
draw, drew, drawn
dream, dreamt or dreamed, dreamt or dreamed
drink, drank, drunk
drive, drove, driven
eat, ate, eaten
fall, fell, fallen
find, found, found
fly, flew, flown
forget, forgot, forgotten
freeze, froze, frozen
give, gave, given
go, went, gone
grow, grew, grown
hang, hung, hung
have, had, had
hit, hit, hit
hold, held, held
hurt, hurt, hurt

is, was, been (be)
keep, kept, kept
knit, knit or knitted, knit or knitted
leap, leapt or leaped, leapt or leaped
light, lighted or lit, lighted or lit
make, made, made
put, put, put
read, read, read
ride, rode, ridden
ring, rang, rung
run, ran, run
see, saw, seen
sell, sold, sold
sew, sewed, sewn
show, showed, shown
sing, sang, sung
sit, sat, sat
sleep, slept, slept
slide, slid, slid
speak, spoke, spoken
spin, spun, spun
spread, spread, spread
stand, stood, stood
sweep, swept, swept
swim, swam, swum
take, took, taken
teach, taught, taught
tell, told, told
think, thought, thought
throw, threw, thrown
wear, wore, worn
win, won, won
write, wrote, written

Irregular English Nouns

calf, calves
child, children
deer, deer
die, dice
doorman, doormen
fish, fish or fishes
fisherman, fishermen
foot, feet
goose, geese
half, halves
handkerchief, handkerchiefs or handkerchieves
hoof, hooves
knife, knives
leaf, leaves
man, men
mouse, mice
policeman, policemen
policewoman, policewomen
scarf, scarves
sheep, sheep
shelf, shelves
snowman, snowmen
starfish, starfish
tooth, teeth
wolf, wolves
woman, women

Irregular English Adjectives

good, better, best
less, least
more, most

Index

bonne santé, en healthy 35
bord du trottoir, le curb 21
bosse, la dent 22
bosse, la hump 37
botte, la boot 11
bouche, la mouth 46
bouchée, la bite 10
boucle, la buckle 13
boucles d'oreille (f.), les earring 26
boue, la mud 46
bougie, la candle 14
boulanger, le baker 7
boulangère, la baker 7
boulangerie, la bakery 7
boule de neige, la snowball 64
bouquet, le bouquet 11
boussole, la compass 19
bout, le end 26
bouteille, la bottle 11
bouton, le button 13
bracelet, le bracelet 12
branche, la branch 12
bras, le arm 5
brique, la brick 12
brocoli, le broccoli 12
brosse, la brush 12
brosse à dents, la toothbrush 72
brosser brush 12
brouillard, le fog 30
bruit, le noise 48
brûler burn* 13
brun brown 12
brune brown 12
bûche, la log 43
buisson, le bush 13
bulle, la bubble 13
bureau, le desk 22
bureau, le office 48

C

cabine téléphonique, la phone booth 52
cacahuète, la peanut 51
cadeau, le gift 32
cadeau, le present 55
café, le coffee 18
cage, la cage 14
cage à poule, la jungle gym 39
cageot, le crate 20
cahier, le notebook 48
caillou, le pebble 51
caissier, le cashier 15
caissier, le teller 70
caissière, la cashier 15
caissière, la teller 70
calculatrice, la calculator 14
calendrier, le calendar 14
camion, le truck 74
camionnette, la van 76
camp, le camp 14
canal, le canal 14
canapé, le sofa 65
canard, le duck 25
caneton, le duckling 25

canne, la cane 14
canoë, la canoe 14
capuchon, le hood 37
car de ramassage, le school bus 60
cardinal, le cardinal 15
caresser pet 52
carnet, le notepad 48
carotte, la carrot 15
carré, le square 66
carte, la map 44
cartes (f.), les cards 15
cascade, la waterfall 77
casquette, la cap 14
casse-tête, la puzzle 56
casser break* 12
castor, le beaver 9
caverne, la cave 15
ceinture, la belt 9
ceinture de sécurité, la seat belt 61
céleri, le celery 16
cerceau, le hoop 37
cercle, le circle 17
céréales (f.), les cereal 16
cerf-volant, le kite 40
cerise, la cherry 16
chacun each 25
chacune each 25
chaîne stéréo, la stereo 67
chaise, la chair 16
chaise roulante, la wheelchair 78
chaleur, la heat 35
chambre, la room 58
chambre à coucher, la bedroom 9
chameau, le camel 14
champ, le field 28
champignon, le mushroom 46
changer change 16
chanter sing* 63
chanteur, le singer 63
chanteuse, la singer 63
chapeau, le hat 35
chapeau haut de forme, le top hat 73
chapiteau, le big top 10
charpentier, le carpenter 15
charrette, la cart 15
chat, le cat 15
château, le castle 15
chaton, le kitten 40
chaud hot 37
chaud warm 77
chaude hot 37
chaudière, la furnace 31
chaudron, le kettle 39
chaussettes (f.), les socks 65
chaussure, la shoe 62
chauve-souris, la bat 8
cheminée, la chimney 17
cheminée, la fireplace 29
chemise, la shirt 62
chemisier, le blouse 10
chenille, la caterpillar 15
chèque, le check 16

chercher hunt 37
chercheur, le scientist 60
cheval, le horse 37
chevalet, le easel 26
cheveux (m.), les hair 34
chèvre, la goat 33
chevreau, le kid 40
chien, le dog 23
chiffon, le rag 56
chiffre, le number 48
chips (m.), les potato chips 55
chocolat, le chocolate 17
chose, la thing 71
chou, le cabbage 14
cible, la target 70
ciel, le sky 63
cirque, le circus 17
ciseaux (m.), les scissors 60
citron, le lemon 42
citron pressé, le lemonade 42
citron vert, le lime 42
citrouille, la pumpkin 55
clarinette, la clarinet 17
classe, la class 17
clé, la wrench 80
clef, la key 39
cloche, la bell 9
clôture, la fence 28
clou, le nail 47
clouer nail 47
clown, le clown 18
cochon, le pig 52
coeur, le heart 35
coffre, le trunk 74
coffre-fort, le safe 59
coiffeur, le barbaer 7
coin, le corner 19
colis, le package 50
colle, la glue 33
colle, la paste 51
coller paste 51
collier, le collar 18
collier, le necklace 47
colline, la hill 36
comète, la comet 19
comme like 42
comment how 37
commode, la dresser 25
complètement completely 19
concombre, le cucumber 21
conduire drive* 25
confiture, la jam 38
confiture, la jelly 38
confortable comfortable 19
congélateur, le freezer 31
construire build* 13
contenir contain 19
conversation, la conversation 19
coq, le rooster 58
coquillage, le seashell 61
corbeille, la wastebasket 77
corde, la rope 58
corne, la horn 37
cornet, le cone 19
corps, le body 11

faire make* 44
faire cuire bake 7
faire cuire cook 19
faire cuire au gril barbeque 7
faire des achats shop 62
faire du jogging jog 39
faire du ski ski 63
faire la course race 56
faire la voile sail 59
faire semblant make-believe 44
faire signe wave 77
faire un somme nap 47
faire une peinture paint 50
famille, la family 27
fantôme, le ghost 32
farine, la flour 29
fauteuil, le armchair 5
faux pli, le wrinkles 80
fée, la fairy 27
femme, la woman* 79
fenêtre, la window 79
fer, le iron 38
ferme, la farm 28
fermer close 18
fermer à clef lock 43
fermeture éclair, la zipper 80
fermier, le farmer 28
fête, la party 51
feu, le fire 29
feu, le traffic light 73
feuille, la leaf* 41
ficelle, la string 68
fièvre, la fever 28
fil, le thread 71
fil, le tightrope 72
fil, le yarn 80
filet, le net 47
fille, la daughter 22
fille, la girl 32
film, le movie 46
fils, le son 65
flamant, le flamingo 29
flamme, la flame 29
flaque, la puddle 55
flèche, la arrow 5
fleur, la blossom 10
fleur, la flower 30
fleuriste, la florist 29
fleuriste, le florist 29
fleuve, le river 58
flocon de neige, le snowflake 64
flotter float 29
flûte, la flute 30
foin, le hay 35
fondre melt 45
fontaine, la fountain 31
football américain, le football 30
forêt, la forest 30
fort loud 43
fort strong 68
forte loud 43
forte strong 68
fougère, la fern 28
foule, la crowd 20
four, le oven 49

fourchette, la fork 31
fourmi, la ant 5
fourrure, la fur 31
foyer, le home 36
fraîche cool 19
frais cool 19
fraise, la strawberry 68
framboises (f.), les raspberries 56
frange, la bangs 7
frapper hit* 36
frapper du pied stamp 67
frère, le brother 12
frisé curly 21
frisée curly 21
frites (f.), les french fries 31
froid cold 18
froide cold 18
fromage, le cheese 16
front, le forehead 30
frotter rub 59
fruit, le fruit 31
fumée, la smoke 64

G

gagner win* 79
gant, le glove 33
garage, le garage 32
garçon, le boy 12
garçon, le waiter 76
garder keep* 39
gare, la train station 73
gâteau, le cake 14
gâteau d'anniversaire, le birthday
    cake 10
gauche left 41
gaz, le gas 32
gazon, le lawn 41
gelée, la frost 31
geler freeze* 31
genou, le knee 40
genoux (m.), les lap 41
gens (m.), les people 52
girafe, la giraffe 32
glace, la ice 38
glace, la ice cream 38
glaçon, le icicle 38
gland du chêne, le acorn 4
glisser slide* 64
globe, le globe 33
gomme, la eraser 27
gorille, le gorilla 33
goûter, le snack 64
graine, la seed 61
grand big 10
grand large 41
grand tall 70
grand bruit, le bang 7
grand-mère, la grandmother 33
grand-papa, le grandpa 33
grand-parents (m.), les
    grandparents 33
grand-père, le grandfather 33
grande big 10
grande large 41

grande tall 70
grandir grow* 34
grange, la barn 7
gratte-ciel, le skyscraper 64
grenier, le attic 6
grenouille, la frog 31
griffe, la claw 17
gril, le barbecue 7
grille-pain, le toaster 72
grippe, la flu 30
gris gray 34
grise gray 34
gros fat 28
grosse fat 28
grosse pierre, la boulder 11
groupe, le group 34
groupe musical, le band 7
grue, la crane 20
grue dépanneuse, la crane 20
guêpe, la wasp 77
guirlande, la wreath 80
guitare, la guitar 34

H

habiller, s' dress 24
habits (m.), les clothes 18
habits (m.), les clothing 18
hache, la ax 6
haleine (f.), l' breath 12
hamac, le hammock 35
hamburger, le hamburger 34
harpe, la harp 35
haut high 36
haut, en up 75
haute high 36
hélicoptère (m.), l' helicopter 36
herbe (f.), l' grass 34
heure (f.), l' hour 37
heureuse glad 32
heureuse happy 35
heureux glad 32
heureux happy 35
hibou, le owl 49
hippopotame (m.), l' hippopotamus
    36
hiver (m.), l' winter 79
hockey, le hockey 36
homard, le lobster 43
homme (m.), l' man* 44
hôpital (m.), l' hospital 37
horloge (f.), l' clock 18
hôtel (m.), l' hotel 37
houe, la hoe 36
hublot, le porthole 54
huile (f.), l' oil 49

I

ici here 36
île (f.), l' island 38
imperméable (m.), l' raincoat 56
infirmier (m.), l' nurse 48
infirmière (f.), l' nurse 48
insecte (m.), l' insect 38

invité (m.), l' guest 34
invitée (f.), l' guest 34

J

jamais never 47
jambon, le ham 34
jardin, le garden 32
jardin potager, le vegetable garden 76
jardinier, le gardener 32
jaune yellow 80
jaune, le yolk 80
jean, le jeans 38
Jeep, la jeep 38
jeu, le game 32
jongler juggle 39
joue, la cheek 16
jouer play 53
jouer de play 53
jouet, le toy 73
jour, le day 22
journal, le newspaper 48
journaliste, le reporter 57
jumelles (f.), les binoculars 10
jungle, la jungle 39
jupe, la skirt 63
jus de fruit, le juice 39

K

kangourou, le kangaroo 39
ketchup, le ketchup 39

L

là there 71
lac, le lake 40
lacet de chaussure, le shoelace 62
laisser tomber drop 25
lait, le milk 45
laitue, la lettuce 42
lampe, la lamp 41
lampe de poche, la flashlight 29
lancer throw* 71
lanceur, le pitcher 53
lanceuse, la pitcher 53
langue, la tongue 72
lapin, le rabbit 56
large wide 79
laver wash 77
lécher lick 42
leçon, la lesson 42
légume, le vegetable 76
lent slow 64
lente slow 64
léopard, le leopard 42
lettre, la letter 42
lever lift 42
lever du soleil, le sunrise 69
lèvre, la lip 43
lézard, le lizard 43
licorne, la unicorn 75
linge, le laundry 41

lion, le lion 43
lire read* 57
liste, la list 43
lit, le bed 9
livre, le book 11
loin far 27
long long 43
longue long 43
loup, le wolf* 79
lourd heavy 36
lourde heavy 36
lune, la moon 46
lunettes (f.), les glasses 33
lunettes de plongée (f.), les goggles 33
lutte, la wrestling 80

M

machine à coudre, la sewing machine 61
machine à écrire, la typewriter 75
machine à laver, la washing machine 77
magasin, le shop 62
magasin de jouets, le toy store 73
magazine, le magazine 44
magicien, le magician 44
maigre thin 71
maillot de bain, le bathing suit 8
main, la hand 35
maïs, le corn 19
maison, la house 37
maison de poupée, la dollhouse 24
malade sick 62
malade, la patient 51
malade, le patient 51
malle, la trunk 74
maman mom 45
manche, la sleeve 64
manger eat* 26
manteau, le coat 18
marche, la step 67
marcher walk 76
marcher dans l'eau wade 76
marguerite, la daisy 22
mariage, le wedding 78
marin, le sailor 59
marionnette, la puppet 55
marmite, la p ot 55
marteau, le hammer 34
masque, le mask 44
matin, le morning 46
mauvais bad 6
mauvaise bad 6
mauvaise herbe, la weed 78
mécanicien, le mechanic 45
médaille, la medal 45
médecin, le doctor 23
médicament, le medicine 45
meilleur better* 9
meilleur, le best* 9
meilleure better* 9
meilleure, la best* 9

mélanger mix 45
melon, le melon 45
menton, le chin 17
menu, le menu 45
mer, la sea 61
merci thank you 71
mère, la mother 46
mettre put* 56
meubles (m.), les furniture 31
micro, le microphone 45
microscope, le microscope 45
midi noon 48
miel, le honey 36
mignon cute 21
mignonne cute 21
miroir, le mirror 45
moineau, le sparrow 65
moins less* 42
mois, le month 46
moitié, la half* 34
monde, le world 79
monnaie, la change 16
montagne, la mountain 46
monter climb 17
montre, la watch 77
montrer show* 62
montrer du doigt point 54
montrer, se show* 62
moquette, la carpet 15
morceau, le piece 52
morse, le walrus 77
mot, le word 79
moteur, le engine 26
mouche, la fly 30
mouchoir, le handkerchief* 35
mouffette, la skunk 63
moufles (f.), les mittens 45
mouillé wet 78
mouillée wet 78
moustache, la moustache 46
moustique, le mosquito 46
moutarde, la mustard 46
mouton, le sheep* 61
moyen medium 45
moyenne medium 45
mur, le wall 77
musée, le museum 46
musique, la music 46

N

nageoire, la fin 28
nager swim* 69
nappe, la tablecloth 70
navette spatiale, la spaceship 65
navire, le ship 62
neige, la snow 64
nettoyer clean 17
nez, le nose 48
nid, le nest 47
nœud, le bow 11
nœud, le knot 40
noir black 10
noire black 10
noix (f.), les nuts 48

noter note 48
nouilles (f.), les noodles 48
nourriture, la food 30
nouveau new 47
nouvelle new 47
nuage, le cloud 18
nuit, la night 48

O

obscur dark 22
obscur dim 23
obscure dark 22
obscure dim 23
occupé busy 13
occupée busy 13
océan (m.), l' ocean 48
odeur (f.), l' smell 64
oeil (m.), l' eye 27
oeuf (m.), l' egg 26
oie (f.), l' goose* 33
oignon (m.), l' onion 49
oiseau (m.), l' bird 10
oison (m.), l' gosling 33
ombre (f.), l' shadow 61
omelette (f.), l' omelet 49
oncle (m.), l' uncle 75
ongle (m.), l' fingernail 28
or (m.), l' gold 33
orage (m.), l' storm 68
orange (f.), l' orange 49
orchestre (m.), l' orchestra 49
ordinateur (m.), l' computer 19
oreille (f.), l' ear 26
oreiller (m.), l' pillow 53
os (m.), l' bone 11
où where 78
oublier forget* 30
ouïes (f.), les gills 32
ours (m.), l' bear 8
ours blanc (m.), l' polar bear 54
ourson (m.), l' bear cub 8
ouvert open 49
ouverte open 49
ouvrir open 49

P

page, la page 50
paille, la straw 68
pain, le bread 12
pain grillé, le toast 72
palais, le palace 50
pamplemousse, le grapefruit 33
panda, le panda 50
panier, le basket 8
panneau, le sign 63
pansement, le bandage 7
pantalon, le pants 50
pantalon, le trousers 74
papa dad 22
papier, le paper 50
papillon, le butterfly 13
papillon de nuit, le moth 46
par through 71

parachute, le parachute 50
parapluie, le umbrella 75
parc, le park 50
parent proche, le relative 57
parents (m.), les parents 50
paresseuse lazy 41
paresseux lazy 41
parfum, le flavor 29
parler speak* 65
parler talk 70
parterre, le flowerbed 30
partie, la part 51
passage clouté, le crosswalk 20
passager, le passenger 51
pastel, le crayon 20
pastèque, la watermelon 77
pâte à modeler, la clay 17
pâté de maison, le block 10
pâte, la dough 24
patin, le skate 63
patin à glace, le ice skate 38
patiner skate 63
patins à roulettes (m.), les roller skates 58
patte, la leg 42
patte, la paw 51
pêche, la peach 51
pêcher fish 29
pêcheur, le fisherman* 29
peigne, le comb 18
peignoir, le bathrobe 8
peignoir, le robe 58
peinture, la paint 50
pelle, la shovel 62
pelle à poussière, la dustpan 25
penser think* 71
père, le father 28
Père Noël, le Santa Claus 60
perroquet, le parrot 51
perruque, la wig 79
personne, la person 52
pétale, le petal 52
petit little 43
petit short 62
petit small 64
petit chariot, le wagon 76
petit chien, le puppy 55
petit déjeuner, le breakfast 12
petit pain, le bun 13
petit pois, le pea 51
petite little 43
petite short 62
petite small 64
pharmacie, la drugstore 25
pharmacie, la pharmacy 52
pharmacien, le pharmacist 52
phoque, le seal 61
photo, la photograph 52
piano, le piano 52
pièce de monnaie, la coin 18
pied, le foot* 30
pieds (m.), les feet* 28
pierre, la rock 58
pierre, la stone 68
pierre précieuse, la jewel 39

pieuvre, la octopus 48
pilote, le pilot 53
pilule, la pill 53
pinceau, le paintbrush 50
pingouin, le penguin 52
pique-nique, le picnic 52
piscine, la pool 54
pissenlit, le dandelion 22
pivert, le woodpecker 79
placard, le closet 18
placard, le cupboard 21
place, la seat 61
place, la space 65
plafond, le ceiling 16
plage, la beach 8
plaine, la plain 53
planche, la board 11
planche à roulettes, la skateboard 63
planète, la planet 53
plante, la plant 53
planter plant 53
plat flat 29
plateau, le tray 73
plâtre, le cast 15
platte flat 29
plein full 31
pleine full 31
pleurer cry 21
plombier, le plumber 54
plonger dive* 23
pluie, la rain 56
plume, la feather 28
plus more* 46
pneu, le tire 72
poche, la pocket 54
poêle, la pan 50
poignet, le wrist 80
pointe, la point 54
pointe de flèche, la arrowhead 5
poire, la pear 51
poisson, le fish* 29
poitrine, la chest 16
poivre, le pepper 52
police, la police 54
pomme, la apple 5
pomme de terre, la potato 55
pompier, le fire fighter 29
pont, le bridge 12
pont, le deck 22
popcorn, le popcorn 54
porte, la door 24
portefeuille, le wallet 77
portemanteau, le hanger 35
porter carry 15
porter wear* 77
portier, le doorman* 24
poste, la post office 54
pouce, le thumb 71
poudrer powder 55
poulain, le colt 18
poule, la chicken 16
poule, la hen 36
poupée, la doll 24
poupre purple 55

pour for 30
poussette, la stroller 68
poussière, la dust 25
poussin, le chick 16
pré, le pasture 51
préféré favorite 28
préférée favorite 28
premier first 29
première first 29
prendre take* 70
prénom, le name 47
près de close 18
près de near 47
prince, le prince 55
princesse, la princess 55
printemps, le spring 66
prix, le price 55
prix, le prize 55
professeur, le teacher 70
profond deep 22
profonde deep 22
projecteur, le spotlight 66
propre clean 17
protège-oreilles, le earmuffs 26
puits, le well 78
pull, le sweater 69
puzzle, le 39
pyjama, le pajamas 50

Q

quai, le dock 23
quand when 78
que than 71
quelques some 65
qu'est-ce que c'est what 78
queue, la line 43
queue, la tail 70
queue de cheval, la ponytail 54
quitter leave 41

R

radio, la radio 56
raide straight 68
raisin, le grape 33
rame, la oar 48
ranch, le ranch 56
raquette de tennis, la tennis racket 71
rat, le rat 57
râteau, le rake 56
rayon, le shelf* 62
rayon, le spoke 66
rayure, la stripe 68
recevoir receive 57
recoller glue 33
récolte, la crop 20
réfrigérateur, le refrigerator 57
regarder look 43
regarder watch 77
règle, la ruler 59
reine, la queen 56
remorqueur, le tugboat 74
remplir fill 28

remuer stir 67
renard, le fox 31
rêne, la reins 57
renverser spill 66
réparer fix 29
repas, le meal 44
repousser push 56
reptile, le reptile 57
requin, le shark 61
respirer breathe 12
ressembler, se (look) alike 4
restaurant, le restaurant 57
retard, en late 41
retourner, se roll 58
rêve, le dream 24
réveil, le alarm clock 4
rêver dream* 24
rhinocéros, le rhinoceros 57
rideau, le curtain 21
ridicule silly 63
rire laugh 41
rire, le laugh 41
rivage, le shore 62
riz, le rice 57
robe, la dress 24
robinet, le faucet 28
roi, le king 40
rond round 58
ronde round 58
ronger bite* 10
rose, la rose 58
rose pink 53
rôti, le roast 58
rôtir roast 58
roue, la wheel 78
rouge red 57
rouge-gorge, le robin 58
rougir blush 11
route, la road 58
route, la way 77
ruban, le ribbon 57
rue, la street 68
rugir roar 58

S

sable, le sand 59
sabot, le hoof* 37
sac, le bag 6
sac, le purse 55
sac, le sack 59
sac à dos, le backpack 6
salade, la salad 59
sale dirty 23
sale mess 45
saleté, la dirt 23
salle à manger, la dining room 23
salle d'attente, la waiting room 76
salle de bains, la bathroom 8
salle de classe, la classroom 17
salon, le living room 43
saluer bow 11
sandales (f.), les sandals 60
sandwich, le sandwich 60
sauce, la gravy 34

saucisse, la sausage 60
sauf safe 59
sauter jump 39
sauter leap* 41
sauterelle, la grasshopper 34
sauve safe 59
savon, le soap 65
saxophone, le saxophone 60
scène, la stage 66
scier saw 60
sculpter carve 15
seau, le bucket 13
seau, le pail 50
sec dry 25
sèche dry 25
secrétaire, la secretary 61
secrétaire, le secretary 61
sel, le salt 59
selle, la saddle 59
semaine, la week 78
sentier, le path 51
sentir smell 64
serpent, le snake 64
serre, la greenhouse 34
serrer squeeze 66
serrure, la lock 43
serveuse, la waitress 76
serviette, la napkin 47
servir de, se use 75
short, le shorts 62
short, le trunks 74
sieste, la nap 47
sifflet, le whistle 78
signature, la signature 63
s'il vous plaît please 54
simple plain 53
singe, le monkey 45
ski, le ski 63
smoking, le tuxedo 75
soeur, la sister 63
soigneuse careful 15
soigneux careful 15
soir, le evening 27
sol, le floor 29
soleil, le sun 69
sonner ring* 57
sonnette, la doorbell 24
sortir (go) out 49
soucoupe, la saucer 60
souffler blow* 11
souhaiter la bienvenue à welcome 78
soupe, la soup 65
sourcil, le eyebrow 27
sourire smile 64
sourire, le smile 64
souris, la mouse* 46
sous under 75
sous-marin, le submarine 68
sous-vêtements (m.), les underwear 75
souvent often 49
sports (m.), les sports 66
statue, la statue 67
steak, le steak 67